難道，

又是我想太多了嗎？

朴午下 著

難道，又是我想太多了嗎？

네，저 예민한 남자입니다

目
錄

1
在韓國當一個
敏感的男人

2
看見敏感的國度，充滿了夢想與希望

我不知道你是個
這麼敏感的人

1.

嗯？你不知道嗎？(睜大眼睛)我一直都以為你知道
這件事耶(眼神閃爍)。

2.

啊，是因為你比較不敏感啦(眼神溫柔)。我有時候會
很羨慕你(微笑)，我們只是比較不一樣，沒有誰對
誰錯啦，別在意。

3.

這也是有可能的(立刻轉換話題)，不過我們剛才在講什麼?我好像失智了，最近老是忘東忘西。

4.

啊哈哈哈……我?(尷尬的笑)喂，我一點都不敏感，到底哪裡敏感了，你說來聽聽。

5.

你現在終於知道啦，知道就好(轉頭)。

—

你是幾號呢?心裡是1號，表現出來卻是2號?

1

在韓國

當一個

敏感的男人

去美術館的

男人

「你有空時跟老婆都怎麼過？」經常有人這麼問，而我會瞬間有點抗拒老婆這個字眼，因為我比較喜歡太太這個稱呼，但還是得回答這個問題，於是我會歪著頭稍微思考一下。

我們好像也沒做什麼特別的事，於是我簡單回答：

「我們還蠻常去美術館的。」

「什麼？你去美術館嗎？」

對方一副就是「你說這話什麼意思」的態度。「對，我很喜歡看畫。」聽完之後，有些人甚至會差點要昏倒，到底為什麼？

去看畫是我長久以來的習慣，也是曾經跟主修藝術的女性交往的契機（雖然她不是我現在的太太……）。

從那之後，去美術館這件事情對我來說，就像去看電影般稀鬆平常。

「也太不像你了吧，我們又不是這種人。」

對方開始訓斥我。

「你跟我都是一般的男人啊，普通男性的人生應該都要差不多才對吧？」甚至會用這種方式逼我同意我跟他們一樣，然後叫我別再假裝，一起去踢個足球、喝杯酒，有一些比較過分的人甚至會挖苦我、冷嘲熱諷。

「你一個大男人，怎麼像個女生一樣啊？」

這時，我會靜靜地前往美術館。

畫作不會說話，更不會評論事物的好壞，

因為沉默寡言，所以更讓人喜愛。

★

我是個一點都不特別的普通男人，不過我還可以再為
自己加上一個形容詞，那就是「敏感的」。

這裡所謂的敏感，是指在他人眼裡像是異類的意思，
而對我來說則是非常感性的意思。

無論怎麼找，我都很難在自己身邊找到愛去美術館的
男人。會不會是因為我國高中都是讀男校，大學讀的
又是男生比較多的法學院？一般人都認為男人就要喜歡
玩遊戲、對汽車或科技產品有興趣、喜歡足球、籃球、
棒球等運動才正常，但我高中畢業之後就沒再碰過遊
戲，而且也對最新的科技產品毫無興趣。

我反而不太喜歡「像個男人」這句話，這一點也不
吸引我。

因為「像個男人」就像在說自己無法更細心，不懂得如何深入同理他人的故事一樣，同時這句話也莫名讓我有種充滿攻擊性與暴力的感覺，無法抹去一廂情願與強迫的印象，總讓我聯想到充滿自信的傲慢表情。

而根據我一直以來的觀察，那些男性荷爾蒙過剩、充滿野心抱負的人，大多不太聽別人說話。他們會嘗試在任何對話中插嘴，喜歡打斷別人的話，然後長篇大論地說起自己的事情，如果這樣就是「像個男人」的話，那我真的敬謝不敏。

我選擇了比較不一樣的路線。像是細心地觀察每一件事物，敏感地專注於每一件小事上。

★

在美術館裡面，像個男人也是非常引人注意的事。這些人很豪邁，但卻會妨礙別人觀展，只能等待他們快點離開。而如果耐心地靜靜等待，就會發現有幾個走路小心翼翼，靜靜地站著凝視每一副作品的敏感人士，這時候

我都會想起賈克梅蒂說過的話：

年輕時，我曾因被羅浮宮裡的名畫感動而呆站在畫前許久，但如果現在的我再前往羅浮宮，我會選擇觀察的不是畫作，而是賞畫者的眼神，因為那些視線就是鮮活生命存在的證據。

我也曾經在賈克梅蒂的雕塑展上，從靜靜欣賞作品的人的眼神當中，感受到安慰與感動，為什麼一個陌生人的眼神和行為舉止能夠帶給我安慰呢？實在不明所以。

不過我偶爾會想走近他們，悄悄地向對方伸出手，邀請他一起低下頭，煩惱關於人類的事情。如果對方是男性的話，那我更想在我們身邊放一個牌子，上頭寫著：

這裡有兩個像草一樣柔軟的男人陷入沉思，對人體無害，請勿食用

我們走吧，

去醫院

韓國連續劇〈陽光先生〉當中曾有過這樣的台詞：

「我們談吧，戀愛。」

而我想這麼說：「我們走吧，去醫院。」

*

那天母親的身體狀況不尋常，她一直發著高燒，

人也站不太穩。

「沒關係，我只是感冒，最近還有誰感冒在吃藥的？」
這難道真的像母親說的一樣，是吃了藥一個星期就會好，沒吃藥就要七天才會好的病嗎？而這種事情通常都會在星期五傍晚發生，也讓人更焦急。母親一直擤鼻子，而且一直說喉嚨很乾、不停乾咳。星期六上午母親病倒了，她原本是每個週末都會去「全羅道與慶尚道巡迴主題之旅」的人，但那天卻到了日上三竿仍躺在床上。我勸她去醫院勸了好幾次，但她的回答始終如一：「唉唷，就跟你說沒事，週末好好休息看看，星期一早上要是還不舒服再去，週末醫院也沒開啊。」實在沒有比這更好的藉口了，母親一直強調週末，所以她覺得自己還會病兩天是嗎？還是是因為她覺得這樣就不用花錢看病？但週六晚上她卻開始呼天搶地：
「天啊，我要死了，要死了。」
她全身發冷，整個人不停發抖，於是我背著她去急診室。

醫院診斷是急性腎盂腎炎，只要再晚一點就會演變成敗血症，我的心瞬間涼了，而醫生則乘勝追擊：

「為什麼拖到現在才來？不過幸好現在有過來，阿姨，下次一定要好好聽兒子的話，知道嗎？有問題要趕快就醫，這樣我們才能夠幫上忙。敗血症的症狀跟感冒差不多，只憑症狀來看很難分辨，如果錯過醫治的黃金時機，敗血症的致死率可是很高的喔，您一定要記住。」

★

我認識一個朋友，他開始工作後拿到第一個月的月薪，就立刻去接受韓國最昂貴的高科技精密綜合健檢，那真的很——貴。當然，身邊的人對他的作為都很不諒解，他年紀還不到30歲，這樣做真的很特別，不過他說自己一直過得很辛苦，如果在這個時間點得了什麼絕症，那麼過去的一切就會變成一場空，他絕對不能屈服。我覺得他很酷。

的確有些人總會太過擔心自己的健康，這樣的人會被人說杞人憂天、小題大作，但我想當父母年過花甲之後，特別注意他們的健康絕對不是一種過度保護，單純的感冒可能演變成急性腸胃炎、不小心撞到頭可能演變成腦出血或中風。

我們父母那個世代的人，無論發生什麼事都放在心裡默默承受，即使去看醫生花的是國民的稅金，仍讓他們非常抗拒，就算身邊的人勸他們做一下腸胃內視鏡，他們都會說自己很健康，花這些錢很浪費，而我也經常聽說很多長輩突然被宣告大腸癌末期，這樣的情況真的令人十分難過。

當家中有人生病時，感覺較為遲鈍、反應慢的人就會幫不上任何的忙，而病人總是會習慣性地說睡一覺就會好了。這一是一什一麼一蠢一話？現在可是2020年，還是接受現代醫學的幫助吧！

經過這次的事件，我意識到如果無法敏銳察覺身體送出的訊號，那很可能會發生無法挽回的憾事！

所以我要很嚴格地、謹慎地、認真地說：

「我們走吧，去醫院，跟我一起，Right Now!」

拒絕你拒絕!

輸了

「要說開花店的優點，那就是能為人們感到喜悅、幸福的時刻錦上添花。」

花店老闆的一句話，讓我瞬間垮了臉。我輸了，羨慕就輸了⋯⋯。

要說法律人執法的優點，那就是能夠看見人生的終結，你們應該知道「無法挽回」是什麼意思吧？

我不想繼續說下去了。

★

我會定期去買花,再把花插在玻璃花瓶裡放在桌上。
陽光普照的週末,我會特別打理家中的盆栽,會澆很
多水、輕輕撫摸葉子,並坐在盆栽旁邊一起曬曬太陽。
植物不說話,我也不說話,我們就這麼靜靜地度過。

我會坐在盆栽旁邊,思考我不想成為的樣子。這時我
會想起情緒調節障礙、躁症、疑心病、對人的執著等
樣貌,我好像無法承受自己變成那樣。
花不會生氣,也不會催促,更不會懷疑,等時候到了,
花瓣就會靜靜地落下,相較之下我真的很不像樣。
我腦海中總是充斥著各種疑問,像是那個人為什麼這麼
吵?這菸味到底是從哪來的?還有很多事情會讓我瞬間
繃緊神經,像是到底是誰老把窗戶打開?為什麼不打方
向燈就硬要插進來?

有時候就連我也不太了解自己，為什麼會這樣？根本沒必要計較到這個地步吧？我真是無可救藥⋯⋯。

特別感到羞愧、特別討厭自己的日子，我會坐在書桌前打開日記本，值得反省的事蹟可以寫滿一整頁。
我為什麼要這樣？明明下定決心不要再犯的⋯⋯為什麼不如預期呢？黑色的字如泉水般湧現在白色的紙張上，我的日記其實就是一篇反省文，別人也會像我一樣不信任自己嗎？

每次看到花時我都會想，人為什麼無法像花一樣？每次只要我靜靜地看著自己，就會忍不住想否認「人比花嬌」這句話，究竟是從什麼地方看出來我比花更好⋯⋯我實在想不通。

不再幹練的

頹廢日子

家事幾乎都是我在做，太太個性比較悠閒，總是有她自己的休息節奏，而我總是會在她休息的時候搶先動作。這件事情讓很多有婦之夫都認為我「是個傻瓜」，這讓他們覺得非常有趣，而我並不覺得有什麼，畢竟我認為人類就是這樣的存在。不過，難道我真的是個傻瓜嗎？

太太在公司上班很辛苦，回到家之後當然會想休息。在辦公室裡工作到頭昏眼花、肩頸痠痛，想休息是理所當然的，甚至偶爾會什麼事都不想做，連澡都不洗就想睡的時候。嗯？她居然連妝都不卸、腳也不洗？這倒是讓我大開眼界，看到這副情景時瞬間覺得頭痛了起來，她真的是我愛的那個人嗎？

沒錯，是她沒錯。對她來說，洗碗、打掃、下廚、垃圾分類與處理廚餘，已經都是別人的事了，而這裡的「別人」指的是身為「老公」的我。當然，兩個人一起生活的空間之所以能夠維持整潔，肯定是有人默默地付出。以我們夫妻的情況來看，默默付出的那個人就是我。我猜太太心裡一定想「想做什麼事的時候就要去做」，而守護她的想法就是我的工作。

至少我並不討厭做家事，因為我也是最後的受益者。洗完碗之後會有乾淨整齊的水槽、打掃完之後地板清潔溜溜，彷彿露出了笑臉向我道謝，做完菜之後，那些美味的料理會進到我的嘴裡。

這些事情都是為了我自己，也是為了我太太，所以這些事情非常有用。雖然在清理廁所的排水口時，總是會讓我渾身不自在，那又怎麼樣？稍微忍耐一下，就能讓排水更通暢。

做家事好在能夠立刻得到成就感，一眼就能看見成果，讓人坐在餐桌邊時，產生「今天也完成了一件事」的感受。雖然並沒有去運動，但卻不知不覺間流了不少汗，雖然偶爾會遇到令人不知所措的情況，但卻不會令人精疲力盡，守護太太想工作的心情，確實也能獲得回報。

＊

我不喜歡硬是要跟相處不自在的人在一起。即使要我說謊，我也不願意參加那樣的聚會，無論別人說什麼，我都要堅守自己的原則。

我從來不赴尷尬的約，總是直接回家，回到家後便開始做家事，真是受不了自己……我坐在餐桌邊環顧客廳，總是會看見還沒做的家事。花瓶的水該換了、該洗毛巾了、吃完午餐要不要整理冷凍庫？對了，垃圾袋用完了，看看我都在想些什麼。

就是因為這樣，所以我才無法擺脫做家事的陷阱，待辦事項總是無止盡地增加，我甚至不能放過任何一根掉在房間地板上的頭髮，有人說這樣的我是過分的愛乾淨，他說的沒錯，我就是受不了髒亂，物品必須要各自放在正確的位置我才放心，只要發現哪裡髒亂，我就必須要立刻整理才不會坐立難安。

回家之後我總會先洗手，因為不洗手會讓我莫名不自在，可以的話還要用好聞的肥皂搓出很多泡沫，這樣會讓我的心情好到極點。只是把手洗乾淨而已，卻感覺心情也變輕鬆了。對了，我也不可能沒把手擦乾，任由水珠不斷往下滴就走出浴室，一定要把手擦乾，俐落地拍一下手，啪！然後才有回到家的感覺，在洗手之前，我都完全無法放心，因為手上還沾染著外頭帶回來的灰塵。

洗澡之前，我絕對不會躺到床上。無論再怎麼累，都一定要用熱水沖澡、隨手洗一下頭髮然後才能入睡。所以太太不洗手也不換衣服，直接倒在床鋪上的模樣，真的讓我怎麼樣也無法習慣。幸好我愛她，如果換成是哥兒們，那我肯定會用自己的肉身死守房門。

但我也看過比我更誇張的人，就是我的朋友M。

我曾經去M家拜訪過。他要我站在玄關，並遞了兩塊沾了酒精的棉花，一塊用來擦手，另外一塊用來擦手機，我這輩子第一次看到有人這樣接待客人。

我差點脫口而出問他「不能先讓我坐下嗎？」，但還是把到了嘴邊的話吞回去。

而跟他這種斤斤計較的個性相比，他家其實並沒有非常整齊。

當我說要參觀房間時，M大吃一驚，拚了命地阻止我。他說房間是屬於個人的空間，最好遠遠觀望就好，而且如果沒有從頭到腳清理過一遍，他也絕對不會走進自己的房間。

我覺得他是個比我更誇張的人，我知道他很敏感，但對私人空間的定義如此嚴格卻超乎我的想像，他說是因為剛從外面進到家裡很髒，但我不這麼認為。

這件事要這樣做、那個東西要放在那裡，他對家事都有自己明確的標準，通常說到單身的獨居男性，大多數的人都會想到堆積如山的待洗衣物、充斥屋內的菸味、碗盤堆到快要爆炸的流理台，但一個個性敏感的男人絕對不會這樣。摺內衣和毛巾時邊角都必須對齊只是基本要求，而M這傢伙就連去大眾澡堂時，都一定要帶齊所有自己的盥洗用具，絕對不使用公共毛巾，會帶好自己的毛巾、搓澡巾，甚至是吹風機。連吹風機都帶？他說因為總覺得有點不放心，然後還反問我說，不覺得用澡堂提供的乳液的人很怪嗎？我的天啊，他是重病！雖然心裡這樣想，但我還是大聲地笑著說我們真是朋友，連這點都好像。

隔天離開他家的時候，我在思考自己是不是也要訂一箱
酒精棉回家放著，可以在太太下班時拿給她消毒一下。

小心

易碎

開始游泳三個月，我已經用遍了這輩子會的所有髒話。「真是超他○的不行了。」那時真是嚇死我了，居然在游泳池暈倒，長大之後我就沒有再罵過髒話了說⋯⋯。一起學游泳的爺爺奶奶們要我到岸上去坐著休息一下，然後就離開了。他們游向遠方的姿態，看起來真的很流暢，真的很了不起。我不斷游游停停，固執地努力著想追上他們。

學蛙式的第一天，在學基本姿勢的時候，我突然感到胸口一陣鬱悶。

「奇怪，大家都做得出這個姿勢嗎？而且表情還這麼自然？現在是只有我不行嗎？」

跟自由式不同，蛙式並不會讓人呼吸急促，甚至更容易換氣。噗通一聲跳進水裡，然後再呆看著前方，就會發生讓我感覺很神奇的事。在平靜的水中，一天的疲勞會不知不覺地消失，雖然心想「剩下的就只需要往前進」，但卻事與願違。我必須在膝蓋併攏的狀態下，把雙腳彎成W型，肩膀還要自然地抬起、放下並同時換氣，腰還不能往後彎？到底—在說—什麼？總之真的很困難。

「請過來這邊一下。」

講師點名我過去，為什麼是我？

「來，請躺在地上。」

我一瞬間成了被從水裡撈起來的魚。

獨自趴在游泳池的地板上，低頭看著對抗水的阻力往前進的那些人。

「哎呀，你要多做些伸展，你的身體太僵硬了。」

什麼?我瞬間大吃一驚,轉過頭看著講師,他正抓著我的腳踝往兩側拉。

「哎呀,看看你,放輕鬆一點,放輕鬆。今天回家就在房間地板上鋪塊墊子練習一下,知道嗎?」好丟臉,他居然用這種方式碰我……

「來,腳踝勾起來做出W,感覺踝骨往內向水中壓下去,一、二,往後推,慢慢動看看,一、二……」

跟我想像的完全不一樣,我的腳一直很不協調,我知道自己該怎麼做,但身體卻完全跟不上。

「你是不是不想做?你不想練習是嗎?」

講師根本不了解我的心情,只是一個勁地自言自語。

「你在說什麼?我也很努力,你不要一直讓我丟臉好不好?」

我本來就已經覺得很丟臉,整個人手忙腳亂了……

一定要學生做到這個地步才會開心嗎?接著我突然想起電影〈向日葵〉的經典場景。

「不，其實人生中有一、兩件事不如預期也不錯，不是嗎？」我的思緒瞬間亂成一團，感覺就像是不想讓自己再難堪下去，於是啟動了防禦機制一樣。如果想回歸平靜，那就得想辦法安撫我的心。「如果每件事情都如預期發展，那只會讓人變得傲慢，就把這些事情當成是路上的減速坡。對！對我來說，蛙式就像是減速坡一樣！我終於想通了！」

＊

「每個人一開始都很笨拙，沒關係的，可以慢慢來。」當情況讓我感到十分從容時，我也能說出這種煞有其事的發言。我會對手忙腳亂端小菜上來的餐廳員工說、對第一次站櫃檯的高中咖啡師說、對剛拿到駕照還在新手上路階段的青年說：「慢慢來，我可以等。」

以全世界最從容的姿態，帶著溫柔的笑容靜靜的深呼吸。

既然如此，為什麼我不能等我自己呢？這樣不行，我必須先尊重我自己、先等待我自己才對。

「做得到!一定做得到!」這就像是我們成長過程中不斷接收的集體催眠一樣,但其實我們應該要接收到的訊號,不是不問自己的需求,無條件地認為自己可以的虛幻希望,而是「不必這麼拚命也沒關係,不要太在意」「既然跌倒了,就休息一下再繼續前進,我們要不要坐著休息一下?」之類的安慰。比起霸氣十足的加油歌,我們更迫切地需要溫暖的安慰,但為什麼大家都像賽馬一樣,埋頭向前狂奔呢?

過去我在完全不知道自己為什麼要這麼做的情況下,意圖賭上一切拚命努力,即使是一件小事也想領先他人,重視結果更勝過程,但我知道不能再這樣下去了。今天晚上回到家之後,我必須好好整理自己的心,要像安撫新生兒、慢慢哄他們入睡一樣,呼嚕呼嚕,咕啾咕啾,想像著總有一天,我能夠以流暢的動作在水池中游泳。呼、哈、呼、哈,一、二、一、二。

—

請小心輕放,心很容易碎,就連在水中都會碎。

我們的故事

那天，我第一次見識到什麼叫團體面試。

三名面試官，以及五名面試者。

四方形的房間正對面，排排坐著三名沉著臉的中年男子，每換一個人，面試官就要我們用30秒的時間自我介紹。

有一個人問可不可以用英文，然後以極快的速度自我介紹完畢，另一個人說他在證券公司工作八年，現在正在準備二度就業。

雖然五人的回答不盡相同，但大家都散發出緊張感、壓迫感與迫切感。

自我介紹結束後，面試官問了幾個問題：

請試著推算2012年韓國勞力士手錶總銷售額。

面試者當然無法立刻回答。每一位面試者都會從漫長的解釋開始說明，而到了大概第三位面試者的時候，一位面試官開始不耐煩：「所以到底是多少？」

我以前有過這麼多經歷，你到底要我說什麼？
可以長話短說嗎？

當社團領導者時經歷的困難、當實習生時曾面對外國廠商、在加拿大留學時如何培養自信等等，面試者總是非常努力的嘗試簡短且深入地，描述自己人生中的重要大事。

那天，在那個房間裡，數十個人講了類似的故事，數十位面試者、數十個故事。那些是屬於我們的，容易被遺忘的故事。

*

一個星期之後我接到電話，電話那頭的人問我：
「時間上沒問題吧？」當時我在想，這和我料想的差不多，那些老頑固一直到最後都想維持自己的高姿態。
對方問我，能不能接受以實習生身分上班而且必須每天加班，但這和徵才公告上寫的不一樣。對方一副「我們選你加入，會教你怎麼做事還給你錢，所以進來以後你就要為公司賣命」的態度，意圖想用這股氣勢逼我就範，最後我以時間上無法配合回絕，然後掛上電話。

請試著推算學生身分對我還有多少剩餘價值。

掛斷電話之後，我一直這樣問著自己。

都是有

想過的

大學時，我曾經上過行政法的課，那堂課的學生有上百人，而我坐在教室最後方讀書。

「那個，坐在最後面穿藍色衣服的同學。」

「什麼？」

「你不聽課，整天都在看什麼書？你以後要成為那個什麼……靠寫作賺錢的人嗎？你以後就靠那個養活自己吧。」

哎呀呀，教授怎麼會知道我在看課外書？這就算了，其他人都很認真聽課，他有必要這樣當面訓斥我嗎？我真的很討厭被關注！我在心裡碎念個不停，但還是努力維持淡然的表情。

「你叫什麼名字？」

問我名字幹嘛？我在心裡想。

「我叫李志潤。」

我隨口說了一個朋友的名字，感謝你當我的朋友。

＊

我在大學入學考試之前的各校自主招生階段被錄取，或許是因為我的分數意外地達到「進入首爾大學的低標」，這使得我突然獲得老師們的關注，而大家說的話如出一轍：

「你要去那間學校嗎？當然要去首爾大學囉，其他大學跟首爾大學簡直是天壤之別，等你出社會就知道，先不說好壞，這就是現實。」

是喔？要去哪裡我自己決定，我也有我的想法好嗎。其實我什麼都沒在想。接到錄取通知後的我一直很浮躁，大學入學考試自然華麗地考糟了。從這個結果來看，我自然認為後來敞開大門接納我入學的大學，是我人生中最美好的事之一，畢竟我在那裡遇到了我的太太。

＊

「喂，書蟲！你以後要當作家嗎？」
「喂，你一定要去首爾大學。」
我偶爾會想起這些話。如果我真的跟他們說的一樣進到首爾大學讀書，那我的人生會變成怎樣？
我越想越覺得前途無亮，我可能會一輩子孤家寡人！

洗碗

「有件事我真的很好奇。」

「你說。」

「為什麼要花那麼多時間洗碗?」

「嗯?」

「沒有啊,我只是覺得不都是倒點洗碗精,把碗刷一刷,然後碗就乾淨了嗎?不管誰來洗都差不多吧?」

你真的、真的這樣想嗎?

＊

洗碗其實也有因應的技巧與要領。

最重要的是時機。在我家，洗碗跟打掃都不能拖延，
吃完飯後首先要把餐桌整理乾淨，其實不只是吃完飯，
不管做什麼，事情一結束就必須要收拾善後。
我會先把裝魚的盤子收走，幫小菜蓋上蓋子放入冰箱，
在湯碗和鍋子裡撒點蘇打粉，然後再倒入熱水浸泡！
用餐完畢！我的屁股開始坐不住了。
好，我先把墊在魚下面的烘焙紙……
太太看著我不停轉動的眼珠，靜靜地握住我的手說：
「不能休息一下再做嗎？」
對耶，我們剛剛才吃飽飯。
我回說：「好啊，休息一下吧，好撐。」
但眼前這些亂七八糟的東西讓我好在意……該怎麼辦？

於是我又開口：「還是我們收拾完再休息？」

★

洗碗是一回事，但吃飯過程中掉在桌上的食物殘渣、幾滴小菜湯汁，都讓我無法視而不見。只要注意到那些不明的碎屑，就會覺得它們好像在對我招手。首先，我應該要把它們聚集到一個地方，為了擦掉可能會產生的汙漬，必須隨時準備好衛生紙和抹布，這樣是不是乾脆像附近的生魚片店一樣，在地板上鋪能夠隨時更換的拋棄式餐巾紙比較好？我突然想起爸爸小時候對我說過的話：

「你吃飯的時候要一直這樣分心嗎？」

是，爸……我要一直分心，請你原諒這樣的我。

不
是
那
個

現在重點不是那個

「我要到國外出差一個星期，你能不能來我家幫忙照顧
狗？」
「等你畢業之後，就來我們公司負責寫文案吧。」

當時已經創業三年的朋友N如是說。這些話到底是什麼
意思？難道是一些胡言亂語嗎？

「我就算整個事業完蛋，也絕對不再回去領人薪水。創業過就會知道，的確老闆也有自己的壓力，但他畢竟是老闆。你知道馬克思說的中產階級和無產階級、資本家與勞動者吧？我覺我天生適合當資本家，其實勞動者講好聽是勞工，但其實就是拿錢的奴隸，只是個零件，除此之外什麼都不是，現在我終於懂了。」

他的語氣好像自己發現了天大的祕密，一副真不懂自己為何現在才了解這些好事的表情，也讓他這番話更生動、更讓人不舒服。把前面說的那兩句話和後面這段話串在一起，就能夠看見他最根本的想法，他開始用不同的角度看待自己的朋友。他大放厥詞地說即使自己遭遇挫折，也絕對不會臣服他人，還叫坐在自己面前的朋友進他公司工作，真是位有趣的朋友，真的很值得我好好研究。

起初我只想笑著帶過，沒想到他開始一直跟我說一些類似的話。

「我這次開了一間新的讀書中心，你週末要不要來扮玩偶幫忙發傳單？」

N越來越囂張，他說打工仔好用歸好用，但不是能信任的人。

「就當作是賺生活費，週末由你來當管理人吧，我時薪會幫你算高一點。」

他繼續笑著說。漫長的考生生活讓我感到疲憊，而他的這番表現，就像是為了讓我盡情大笑而降下的及時雨。我在想，這不就是隨便說說，笑笑就好的事嗎？我現在到底是在幹嘛？

他這番話半開玩笑，但又帶點真心，其中有一半是他真實的想法。雖然玩笑似地把這些話說出來，但的確也是抱著「對方或許會上鉤」的心態，我要乾脆狠下心接受朋友的好意嗎？要說「哎呀，真是謝謝你，都沒想到你竟然這麼照顧我」嗎？原來我在準備國考的時候，看起來一副就是無法自己賺錢養活自己的樣子嗎？是不是應該要畢恭畢敬地向他行個禮，說感謝社長的厚愛，還是要基於一個朋友的身分，把實話告訴他？

當了老闆之後，就開始覺得人是只要付錢就能使喚的機器嗎？你是忙到生病了吧？你……趕快去醫院啦，現在的重點才不是找誰來扮人偶好嗎，你這個笨蛋！

獨自

泰然自若

上課前10分鐘，我突然在意起三三兩兩坐在一起的同學。

我該坐在哪裡？今天應該也會跟昨天一樣自己一個人，但我需要換一下座位。

我曾經坐在教室正中央，也曾經把自己藏在最後一排，我喜歡選中間沒有下課時間的科目。休息時間總是讓我很尷尬，大家會成群結隊地去買東西、聚在走廊上、聚集到吸菸區，這樣的動作讓我感到很陌生。

不，與其說是動作讓我不習慣，更應該說是他們成群結隊這件事讓我覺得陌生。究竟為什麼能這麼自然的一下跟這些人一起，一下又跟那些人一起呢？

對我來說歸屬一個群體這件事始終很困難，我總是會去一下洗手間，再不然就是拿出跟課堂無關的書來看，有時候只是假裝在看書。

我也經常獨自吃飯，這就是我的日常生活。雖然也曾經有過每天都跟特定的人形影不離的時期，但沒有這種對象的時候，我通常都是一個人。

今天午餐要跟誰吃、明天跟誰吃、晚餐又要跟誰吃，每次吃飯時都要找個對象，對我來說就像是令人頭痛的難題。因為我一直很重視精神健康，所以在承受壓力的時候，會寧可選擇一個人。

在面對別人假評論之名的閒言閒語時，我總是努力想處之泰然。而那樣的努力令我有長足的成長，也讓我成為每一個時刻都能依然故我的人。

＊

社會所期待的似乎與我想的不同。組織、共同體，以及無論到哪都能找到夥伴、成為主流的人當時跟我不一樣，未來也還是會不一樣。如果硬要選，那我希望無論到哪，我都會是非主流，因為隸屬於多數的時候，會讓我感覺自己成為標準規格化的人偶。

符合他人制定的規範的人偶，並不是我所期待的人的樣貌。

標準

我的敏感今天也大聲地呼喊。標準!!

＊

朋友H說:

「你要買書?為什麼要買書來看?去書店一小時就能一下
看完兩、三本啊。」

「書就只是負擔，大學畢業之後就沒什麼必要買書了吧?」

這個嘛……我微微歪著頭忍耐，想再多聽他說幾句。

「我家也沒電視，我根本不想繳第四台的錢，網路上一下子就有了，何必非得準時看不可?五分鐘就能迅速下載連續劇。」

一下子、迅速。H的標準很明顯是一下子跟迅速。一下就能讀完、迅速下載完，人生就高枕無憂了?我覺得他應該真的很喜歡這兩個詞。

如果曾經對某件事物著迷，並曾經思考過創作者在創作時的心意，那麼觀看這些內容時，應該就會是完全相反的態度吧?有誰來補償創作者的辛苦呢?H的態度使得我的敏感站出來反駁，你這種行為根本是偷竊!對創作者絲毫沒有基本的禮儀!

雖然很不好意思，但我小時候也很會使用這種非法手段，無論是漫畫書還是電影，都會偷偷下載來看，一方面能獲得省錢的樂趣，另一方面也有一種奇特的勝利感、刺激的快感。當發現我的最愛裡的那個連結，被標示為非法有害資訊網站，禁止連線時，反而更激起了我的好勝心。我想著「你們擋吧，我還是有辦法」，想盡各種辦法連上網站，但隨著年紀越來越大，戶頭裡開始有了靠自己賺來的錢之後，就開始覺得既然使用別人的創作物，就需要支付相應的代價，這件事對每一個人都很重要、很迫切，也應該是必須立即去做的事。

2017年韓國大眾音樂獎頒獎典禮上，歌手李瀧獲頒了一個沒有獎金只有獎座的獎，她的得獎感言吐露了生活困苦，並立刻在台上拍賣起自己的獎座。最後她的獎座現場賣了50萬韓元，這件事情成了我覺醒的契機。當黑色的誘惑悄悄襲擊我們時，希望我的敏感能夠扯開嗓子大喊：標準！！

羨慕的房間，

鄙視的房間

「喂，果然從那間學校畢業就是不一樣，你不覺得嗎？」
「他不管做什麼都會成功，真是有才!哈哈哈。」

偶爾會聽到別人說這種話，但真的是這樣嗎？怎麼可能？大家都真心相信這種話嗎？世界上真的有不管做什麼事都會成功的人嗎？只做好一件事已經很困難了，雖然有句話叫做舉一反三，但我真的是覺得這樣不行。那麼下面這段話怎麼樣呢？

「你這樣長大以後是想當什麼？看看岬童夷＊，希望你至少有他的一半，反正你從小就不是什麼好東西，嘖嘖。」

這真是位了不起的神算啊。

★

人們很容易對他人做出判斷，在心裡建造兩個房間，一個給羨慕的人用，一個給瞧不起的人用，判斷人的好壞對這些人來說真的很簡單，只要把每個人放進各自的房間就好。入場順序的理由與依據都很薄弱，立場也很容易更改。曾經敬畏的對象，只需要一個小小的資訊，很快就會變成蔑視的對象。

「喂，超傻眼，你知道A演員吧？他最近很紅，聽說他不是韓國人耶。」

*編按：岬童夷是韓國1986年至1994年發生的華城連續殺人案的嫌疑犯綽號，犯人一直到2019年才被抓到。

「什麼?真的嗎?那他是黑髮的外國人囉?」

「完全被騙了,超傻眼。」

「他有乖乖繳稅嗎?有當兵嗎?我弟現在被外派到白翎島了說。」

「外國人幹嘛當兵?他說不定就是為了不想當兵,才算好時間去領永久居住權的。」

上述這種因為一件事情而對一個人失去興趣的狀況經常發生,但卻很少有人會反過來關注原本沒興趣的對象。因為人類一旦決定要忽視某個人,就再也不可能關注對方,即使對方有非常出色的經歷,仍然會讓人漠不關心。

「你知道隔壁那組新來的B嗎?聽說他在英國讀大學,好像在那住了七年。」

「那又怎樣?看就知道他只會死讀書。」

「也對,至少要會讀書啊,畢竟他長那樣,要是不會讀書該怎麼辦?」

誠心祝福這些人一分耕耘一分收穫,不過如果能被路上的小石頭絆倒,那就再好不過了。

我有時候會想，我屬於哪個房間呢？在很多情況下，應該都會放進不在乎的房間裡，面對面分享彼此的故事之後，我就會感覺到我在對方心裡究竟屬於哪個房間。

*

換了新職場之後沒多久，我就買了一台上下班代步用的車，當時我說我為了買車正在做功課，竟有人對我說：

「如果是律師這種等級的人，那就該開捷恩斯*這等級的車吧？G70、G80之類的，最近的車都很不錯。」
「拜託，當然是要開賓士或BMW之類的才對啊。」

不久之後，我開著自己精挑細選的中古輕型車上班，考慮到我手上的現金與自己的開車經歷，這是最合理的消費，但自此之後很多人看待我的目光就不一樣了。

*編按：韓國現代汽車的子品牌，主打豪華汽車。

「看來你家不怎麼有錢。」

「律師怎麼會開輕型車啊?拜託!而且還不是小型車!」

「買車前還裝得很厲害的樣子,沒想到其實也沒什麼嘛。」

因為是律師,所以就被大家歸類在需要敬畏的房間裡,後來卻又因為開輕型車而改放到被無視的房間,我根本沒有做任何事,我覺得這樣不行。

「覺得這樣不行」是用嘲諷的方式在表達「荒謬」的意思,聽起來感覺很不賴吧?

我們熱愛

微小的事物

我常常會被小東西吸引。小書店、小咖啡廳、小電影院、小店，用比我更低一點、更小一點的聲音說話的人、身上有小裝飾品或小零錢包的人，在不然就是手背上、鼻樑上有個小點的人，總會特別吸引我。

因為很多人都對又大又華麗的事物有興趣，所以我才覺得不缺我這一份關注，也讓我總是會特別注意那些孤零零、看起來有些寂寥的事物。我偏好的不是一千萬人趨之若鶩的電影，而是只有幾個零星的觀眾，能讓我們一起產生共鳴的電影。

★

即使是在不得已的情況下，我還是會盡量去小一點的電影院消費，畢竟我想看的電影，大多不會在大電影院上映。

很多時候當我想著「太好了！要去看這部電影！」並按下預購鍵的時候，才發現電影院和我距離250公里。

不過興趣改變之後，要在上映期間去看這些電影反而一點都不困難。因為越是鄉下的地方，就越不可能上映這種低預算的獨立電影、藝術電影、小眾紀錄片。

我之所以熱愛去小電影院，並不只是因為那裡聽不見各種窸窸窣窣與咀嚼聲。

也是因為那裡是真心愛著電影的人會聚集的空間，我喜歡該空間所散發的莊重感、對電影的尊重。

影廳內不會有水以外的飲食，大家都只為了電影而來，大家會專注在電影創作者的心、創作者想講述的故事。同時在大型電影院也很難感受到和志同道合的人共處時，所能產生的平靜與歸屬感。在這樣的場合裡，觀眾不會急著在片尾播放工作人員名單時離開座位，雖然無法完全記住所有人的名字，但仍會坐在位置上享受電影的餘韻，就是這樣微妙的認同感深深吸引著我。

＊

我跟太太第一次約會的地點是新村的藝術電影院MOMO，我還記得那天的緊張感。起初我半信半疑地在售票處附近徘徊，接著入場看了看米歇‧龔德里（Michel Gondry）導演的〈泡沫人生（Mood Indigo）〉，觀影時我一直坐立難安，心想著「是不是該握她的手？該先跟她說嗎？不，我可以握她的手嗎？」戰戰兢兢地無法專注在電影上，最後也沒能握到她的手。

後來問了太太才知道，如果我那天沒頭沒腦地握住她的手，她會覺得我很奇怪，然後再也不跟我見面。聽完她這麼說我心想，原來猶豫不決有時候也是有用的。

那之後又過了幾年，我們到光化門的Cine Cube觀賞〈積存時間的生活(Life is Fruity)〉。那天，我們的左手與右手十指交扣在一起，約好要白頭偕老。

啊，那又怎樣啦

地鐵的門一開，有一位老爺爺走進來，車廂裡沒有空位，於是我立刻起身對他說：

「老爺爺，請坐。」
「謝謝。」

那時遠方有人突然出聲說：

「請過來這裡!」

「?」

「請過來這裡!」

我探出頭看向左邊,才發現坐在博愛座的爺爺正看著這裡,努力地招著手。他的眼神與動作像在警告說廢話少說,過來就對了。

「沒關係啦,我在這就好,這位同學讓位給我了。」

「過來這裡!!」

「我要在這!」

「我叫你過來這裡!」

兩位互不相讓,隔空對罵了好一陣子,素昧平生的兩個人開始像認識30年的知己一樣聊了起來,但我卻覺得這樣的情況一點都不陌生,忍不住笑了出來,我一直努力讓自己嘴角上揚的幅度不要太明顯。

最後那位不知道該不該過去的老爺爺拍了我的肩膀兩下，然後就邁開步伐過去了。

＊

尷尬地換了位置坐下的老爺爺，從羽絨外套的口袋裡拿出藥水，在自己的頭頂上抹了好幾下。我這輩子第一次看到這種事情，難道他的頭頂瘀青了嗎？
還是被蟲咬了呢？

「你那個藥水，可不可以也讓我抹？」
「好啊。」

兩位看起來非常親密，居然是能夠分享頭頂藥水的關係！

「頭髮應該要再多一點，看起來才會比較年輕。」
「什麼年紀就該有什麼年紀的樣子，何必管那麼多？」

「我看起來好像比那些在鄉下種田的人還老，他們不是一輩子都只在田裡工作嗎？」

「但是明明已經有一定的年紀，看起來卻還年紀很小也有問題，聽我的準沒錯。」

「才不是，怎麼能這樣？看起來年輕一點比較好！」

他們的對話越來越激動，我舉起左手，假裝在看自己的指甲，趁機偷看這兩位的狀況。

「外表太年輕的話，年輕人就會以為你跟他們年紀差不多，然後對你講話沒大沒小啦。」

「那又怎樣？」

叮——我真是無法放棄這種在生活中觀察路人的小樂趣，所以今天也仍然努力地觀察四周的人。

早就已經

脫離軌道了

沒事我不會參加聚餐。更準確地說，是我會想辦法編出各種理由避免參加聚餐。一般都會先說有事，之後再慢慢想要怎麼應付。

如果參加了不可避免的聚餐，我就會思考要跟誰吃、吃什麼、吃到什麼時候。即使參加聚餐，也絕對不會喝酒，或是假「乾杯」，再不然就是只喝個一、兩杯，然後把正在吃藥、午餐拉肚子等準備好的理由拿出來搪塞。當然，絕對不可能跟去第二攤。

因為工作而認識的人經常會認為我不會喝酒、不愛喝酒，還很好奇我活著有什麼樂趣。嗯？其實我是愛酒人士喔。

我只是不想在這樣的場合、以這樣的速度、跟這樣的一群人乾杯而已。

只要條件允許，我每天晚上都會配一杯紅酒，夏天更是跟大家一樣愛喝啤酒。如果一定要喝燒酒的話，我會喝沒有化學添加物的蒸餾酒，在特殊的日子甚至會奢侈地喝杯單一麥芽威士忌。不過我會盡可能地慢慢喝，跟心靈相通的人，在能放鬆的場合喝。

倒滿、乾杯、一起喝到死這種事情，在我熬過大學新生那段時期後就不幹了，在我可以選擇的範圍內，我也絕對不想再這麼做。

有人似乎察覺到我這樣的態度，有天突然對我說：「偶爾出席一下聚餐，不要在酒席快結束時就說要回家、不要找藉口不喝酒，這樣才能累積更多人脈，以後才能互相提拔，這你都不懂嗎？

對，我不懂。

說話也是一樣。我要是發現自己跟對方不對盤，就會立刻閉嘴，無論是幾分鐘、幾個月，我都會在對方面前保持沉默。與其一直繞圈子、說些不著邊際的話，不如乾脆不說還比較輕鬆。甚至有人因為我真的太少說話，以為我根本就是啞巴。但真的是這樣嗎？跟我私交甚篤的人甚至曾經挖苦我，說像我這樣話說個不停嘴巴會不會痛。其實只要是跟相處起來感到愉快的人在一起，那想說的話就會源源不絕地湧出，只要彼此心靈相通，那麼就會萬事亨通。

在公司同期同事發起的通訊軟體群組中，我也可以長達一年，甚至是兩年都不說話，反正把群組通知關掉易如反掌，有時候未讀訊息會多達上百則，但我當然不可能一一把訊息讀完，不去閱讀自己沒興趣的聊天內容，就像睡覺一樣自然。

還有，這是個秘密，那就是我會怕那些群組占據手機容量，所以經常按下刪除全部，就像瞬間凋謝的櫻花一樣，不留情地清除，看著空蕩蕩的群組聊天室，我的心情輕鬆無比。

剛進大學時還有很多人說我交友廣闊，無論哪個聚會都絕對不會缺席，但現在怎麼會變成這樣？我想，準備考試的那段期間對我的影響非常大。

比起和別人待在一起，我花更多時間獨自坐在書桌前，休息的時候也不太會和別人見面、吃飯、聊天，而是會跑到山上去。因為我的時間跟金錢都很寶貴，如果和別人見面，時間跟金錢都會消失，於是我就漸漸成了一個人。

雖然偶爾會覺得孤單，但獨處讓我很滿意，因為這樣我就能拋開用盡全力拉住的面具。莎士比亞說人生就是一場戲，我們都只是舞台上的演員，我很喜歡這句話。

不過我相信，舞台的布幕只有他人走進自己心中才會拉起，獨處的時候誰會戴面具呢？

他人登場的瞬間，我們的小宇宙便會開始震動。對某些人來說，他人所引發的波動十分微弱，但對某些人來說，那些波動卻巨大到無法掌握。既然有人能夠毫無阻礙地與他人來往，那就會有人必須拚盡全力才能融入其中。在腦海中模擬所有的情況，做足了心理準備之後才能上場，那些人就是我們。

我們或許會因為該戴上怎樣的面具而感到遲疑，猶豫到最後甚至導致臉部痙攣，如果讓對方感受到這一點，那麼那天所花的時間真的可以說是徹底浪費了。

「啊……那個人發現了，他看到了，他發現我不大方、太敏感了，我因為太尷尬而只有腳趾頭一直動個不停，該死，實在不想被對方察覺到。」

開車時經常會聽到提醒「您已偏離路徑」的警示音，我每次都覺得這句話像是衝著我來的。即使眼前有一條康莊大道，能帶我成為被社會認可的成功人士，身邊的人事物也都不斷提醒我應該走那條路，但我還是不斷偏離路徑。我拋開了社交能力、對能賺大錢的工作不屑一顧，有人說要介紹最近很受歡迎的話題人物給我認識時，我也不怎麼在意。

「剛踏入社會所待的第一個地方很重要，無論你最後會怎麼樣，剛踏入社會的前三年都非常重要，這你知道吧？要是不小心踏錯一步，你的職業生涯就完蛋了，要盡可能地累積更多的人脈才對。」

感謝您的一番忠告。雖然是很感謝啦……但其實我也很清楚啊。「我已經大大地偏離路徑。」

—2018年11月20日17點20分大田站，列車停靠。

「必勝!我是資訊班兵長柳勝勳，主任士官長，我目前正搭火車準備回營，但列車已在大田站停車超過30分鐘，遭遇這種情況我該如何處置?」

—18點20分，「由於五松站斷電，目前所有高速列車均無法行駛，由於是以電力發動的列車，故目前無法行駛。

目前僅剩無窮花號與新村號可正常出發，我們將在乘客抵達目的地後全額退款，請各位乘客在下車後辦理退票手續。」

「糟糕，孩子，你出門了嗎？哎呀，我困在大田站，車都不開，要怎麼辦？」

—18點37分，「預計約15分鐘後重新恢復行駛，抱歉造成各位乘客不便。」

「這裡不是2B嗎？」
「每台車應該不一樣吧。」
「你說什麼？」
「這台車已經停了一小時了。」
「什麼？真的嗎？」
「美慈，我們該怎麼辦，完蛋了，要是來不及見妳爸最後一面怎麼辦？」

──19點12分，「目前全線列車均已修復完畢，測試完成後將讓先抵達的列車先出發。」

──19點49分，「目前沒有任何訊號，故列車仍無法行駛，乘車前請各位旅客注意。」

──20點19分，在沒有任何廣播的情況下列車出發。

──20點26分，在沒有任何預告的情況下停在鐵軌上。

──這是一場災難，大家都很餓，列車上的廁所汙水已經溢到外面來。

──21點13分，列車緩慢地開始行駛。

──21點18分，又再次停在漆黑的河面上。

──21點26分，「為調整與前車距離，本車將在此停靠15分鐘後再行出發。」

──21點40分，在沒有任何廣播的情況下列車再度出發。

──22點35分，抵達水西站，原本預計的抵達時間是18點20分。

當時我坐在SRT 350列車第二節車廂的2B座位上，真沒
想到當天沒有任何行程這件事竟會讓我感到安慰。當身
旁的人都不斷跺腳、嘆氣、無助地笑著的時候，只有我
靜靜地坐在那裡。我聽見不遠處一個男孩子跟他的姊姊
吱吱喳喳地在說：「妳要選哪一個？來猜猜看吧。」

抵達目的地後，我確認了一下公告的補償處理方針，
內容如下：
「5點斷電，6點50分恢復正常並重新發車。」
這是明顯的謊言，也是令人髮指的欺騙，所謂的處理方
針也只是將平時放在網站上用來處理消費者糾紛的標準
拿來照貼而已。列車誤點10至20分鐘跟當天的情況根本
不一樣，甚至有人被困在列車上長達7小時。

新聞報導下方出現以下的留言：

「這些人平常時間太多，整天只會玩，居然還想討補償，呵呵呵呵」
「怎麼了？不過就誤點幾個小時，難道要陪你上千萬嗎？」
「就出意外了啊，是要怎麼補償？這又不是SRT的錯，是斷電的錯!」

真是無言。我沒有生氣，反而覺得可悲，究竟是抱持著怎樣的心態才會有這種想法？這些人真是展現自己的貧乏。
我拿自己以分鐘為單位紀錄的日誌進行投訴，我主張不只是需要退回車票的費用，更應該針對耽誤的時間進行補償。
更威脅說若沒有適當的處理，不排除提起團體訴訟。因為不想為難客服人員，所以我請他立即向上層報告。

隔天我接到一通部長級人士打來的電話。

對方接受了我的所有要求，但不清楚他們是只補償我一個人，還是補償當天所有乘客。對方只是一直反覆地說這部分不方便回答，會繼續尋求補償之道。對那些沒有另外抗議的人，難道只是依照一般的標準退費嗎？如果我也默不作聲，是不是就無法獲得額外賠償？難道這世界真的是會吵的人有糖吃？世上有多少人即使受到不平等的待遇仍默默承受？

必須有人代替他們站出來，那就是我。

我的個性是公認的敏感，這種時候就應該更尖酸、尖銳、毫不猶豫才對。我又打了好幾次電話，直到確認最終補償方案為止，每天都去確認進度。

我向對方施壓，讓他們知道我一直在關注這件事，希望他們不要得過且過，執著是我最後的王牌，我的敏感可不能就這麼浪費。

在OOHYO的歌曲〈Teddy Bear Rises〉當中，有這樣一句歌詞：

該說的話就要說出口，否則會生病，無論什麼話都要說，
否則肯定會後悔。

你的

日記

星期五

請勿將卡片重疊。

這樣的訊息令我渾身緊繃，立刻把皮夾翻面，
換邊再感應一次。

請勿將卡片重疊。

我的額頭開始冒汗。糟糕，這邊也不行嗎？我汗流浹背、手忙腳亂，最後終於把手機弄掉在地上，感覺公車上所有人都在看我。我真的很不擅長應付這種事，不過我內心雖然慌張，外表卻還是泰然自若地撿起手機。我突然注意到那些因為我而無法上車的人，我和其中一人對上眼，他歪著頭，用一副失望的眼神看著我。再這樣下去我會變得很神經質，算了，不管了。於是我從皮夾裡隨便掏出一張卡來，先刷了再說。

謝謝乘車。

呼，我鬆了一口氣，接著快步走到空位坐下。仔細看了一下手上的那張卡，才發現不是我平常使用的交通卡。我的臉立刻垮了下來，用這張卡搭大眾交通工具沒有優惠！這時我才想起自己的手機，從口袋裡掏出來一看，真的差點沒把我嚇昏過去。螢幕上出現了明顯的裂痕，超想哭⋯⋯這一定是在作夢！

這必須是一場夢！如果我剛才不要這麼慌張，就不會發生這種倒楣事了，但成為眾人焦點的瞬間總是會讓我緊張，我超級膽小。

嗶——我在到站之前先起身站在車門旁準備，因為不能讓自己坐過站，所以我事先先把交通卡掏出來準備好。下車準備完畢！公車被號誌燈攔下，等了好一陣子，不知不覺間我的思緒開始飄向遠方。岳母說叫我別忘記，每天都一定要喝高麗菜汁，我今天早上有喝嗎？

即將抵達……

啊，就是現在，我刷卡了嗎？以防萬一，
我再刷一次……

本段已付款。

星期六
「接下來請新娘爸爸為我們致詞。」

嗯?

「接下來請新郎爸爸為我們致詞。」

唉唷?

每當聽到這種文法上有些奇怪的發言時,我的大腦迴路總會暫停,就像無預警開過道路減速墊的車一樣,因為瞬間的衝擊而跟蹌一下。「等等,好像哪裡有點奇怪,是什麼?啊!啊!司儀先生!文法錯了啦,司儀先生!」

星期日

咳咳咳咳,獨自坐在咖啡廳裡的我突然咳了起來。

「請問要幫您倒杯溫水嗎?」

店員靜靜地走過來問我,她正直的雙眼透露著真心。

她怎麼會知道我感冒了呢……最近我是不是很受歡迎?

這些荒唐的想法能讓我的大腦放鬆一下,感覺真好,

能夠讓我放鬆,有一種被照顧的感覺,真是太感激了。

雖然想做點什麼報答對方，但手上並沒有什麼合適的物品能送，是不是該在對方拿溫水來時說聲謝謝呢？這樣會不會被誤會？被人家以為我在搭訕……如果她回答說「我已經有男朋友了」那該怎麼辦？那我是不是應該要回答「我有老婆了」才對？怎麼可能發生這種事，我想太多了。店員只是單純地親切而已，只有我一個人在那邊想太多。

「剛才真的很謝謝妳。」沒想到這句話竟然這麼難說出口，害我憋得要死。

星期一

下了一整天的雨。久逢甘霖濕潤大地，讓我半喜半憂，喜的是因為這幾天覆蓋整個韓半島的懸浮微粒，多虧了今天的雨終於能夠徹底洗淨，憂的是這雖然是個好消息，但我也在想那麼多的懸浮微粒都會被帶去哪裡。

從幾年前開始，每天早上起來我就會先確認空氣品質。看見懸浮微粒等級糟、PM2.5等級糟，我就會二話不說地拿出口罩來戴，這種日子連心情都會變得很憂鬱，我會死氣沉沉地離開家門，不知道為什麼，就是覺得很鬱悶。不斷上升的懸浮微粒數值、超過警戒值、灰暗的天空，呃啊，真不想面對這一切，那真的是天空嗎？但街上的人卻大多沒有戴口罩，大家到底為什麼都不戴口罩？是我反應過度了嗎？真的是這樣嗎？

星期二

「兩位是怎麼認識的？」

太太和我一起出去吃飯，一位素昧平生的女性向我們搭話。那天晚上，躺上床準備睡覺時我在想，被別人問問題真的是一件很酷的事，有一種我突然變重要的感覺，雖然對話過程中雙腳一直踩在地上，但卻感覺輕飄飄的。真感激那個人。我想起小時候坐在爸爸肩上玩的事情，雖然很短暫，但卻有浮在空中的感覺。比起稱讚他人，我更喜歡靜靜對別人提問的人。

稱讚並不重要，因為我覺得無論在哪，只要聽到別人稱讚自己十次，就一定會有人批評自己十次。或許是因為這樣，我越來越不在意他人的稱讚與批評，畢竟我覺得這就像有人把一張一萬韓元紙鈔放在面前，對它說「你是一百萬元的支票」，或是「你是二十萬元的支票」一樣沒有荒唐。這種時候我就想問問那些愛稱讚、批評他人的人，知不知道荒唐兩個字要怎麼寫。

還有，「不要就算了」這種說話方式也會讓人覺得很有壓力。而「你果然還是做到了嘛！」這種稱讚方式，有時候會讓人感覺不是稱讚而是被挖苦。人究竟為什麼能毫不在乎地說出這些不顧他人心情的話呢？用所謂的稱讚逼迫一個不斷否認這些恭維的人，讓對方尷尬得臉紅脖子粗，來換取眾人的開心，真是令人慘不忍睹的幽默。我也曾經對此感到噁心，不懂為什麼很多人喜歡聚在一起用「稱讚」來捉弄一個人。每一次聚餐都會有一個受害者，看著眼前幾個捧腹大笑的人跟一個難過的人，我總會感到困惑。我甚至覺得青瓦臺應該要組織一個強詞奪理專案小組來處理這種事，因為一個人若承受過度的壓力，就會對社會帶來極大的危害。

我們每天都在見證各種因為情緒不穩定而衍生的悲劇，這真是個天天都陷入犯罪疑慮的社會。

星期三

「現在來聽聽你的故事吧，一直都是我在講話，我嘴巴好痠，你也說幾句吧。」

眼前這個人自說自話了好久，突然用雙手揉了揉眼睛，一副眼睛很痠、頭很暈的模樣。連續說了兩、三個小時的話，的確很有可能這樣。我在他說話的過程中不時附和個幾句，奉獻自己的耳朵聽他說話說了好久，現在卻突然要把說話的機會交給我？這是什麼大隊接力嗎？難道他說準備、開始，我就得要接棒嗎？對方竟然雙手抱胸向後靠在椅子上認真地看著我，他難道以為這樣我就會侃侃而談？不會吧，是認真的嗎？

我經常把對話比喻成桌球，應該要不斷你來我往，但跟這個人相處的時候肯定不是這麼回事，因為他只是單方面說個不停而已。我想說既然對方都開口了，那我就來聊聊自己的事吧，沒想到才說了10秒，對方就露出不耐煩的表情。過了30秒之後，他又開始揉眼睛了。

一分鐘之後，聽我說話這件事宣告失敗，他又開始聊起自己的事了。我一方面感到驚訝，但同時也很快閉上嘴，我意識到今天是「對話」無望了。

星期四

我的手機平常不太響，它可能以為自己是得道高僧吧，這傢伙的興趣就是無止盡的沉默，我很滿意。

我偶爾會注意到別人的手機，經常累積了上百個紅色的未讀通知。這時候我會驚訝得目瞪口呆，怎麼能累積這麼多？他們有很多4人、12人、70人，甚至是200人的群組，到底怎麼能同時屬於這麼多團體？好想問問他們。他們會一一跟這些人聯繫嗎？不會覺得很累嗎？真的沒問題嗎？這真的有可能嗎？畢竟對我這樣的人來說，那是完全不可能的事。我帶著半信半疑的態度看了看自己的群組，跟那些坐得離我很遠的人一樣陌生。

我不太喜歡群組聊天室，家族聊天室還在可接受的範圍。當然，有一些群組只是臨時加入一段時間，工作結束後我會立刻離開，沒有例外，就像拔掉插頭一樣，只要覺得那裡不能久待就會果斷刪除，不會想著或許還會有什麼消息而繼續留在裡面，在離開的那瞬間我總是冷靜且堅定。

我也不會放著手機通知訊息不看。無論是新來的信或軟體更新，只要跳出通知，我一定會立刻閱讀、清除。

我相信每一件物品、每一個人、每一個想法，無論是什麼樣的型態，這些事物都會幫人帶來一卡車的擔憂，所以只要緣分盡了就會冷漠地送對方離開，這樣才能找回平常心，否則就必須拖著綁在身上的負擔往前進。

有點忘了是大學幾年級的事，只記得是〈CINE 21〉雜誌金慧利記者的採訪集，因為很喜歡採訪中一位演員的回答，所以我有好一段時間都對那期雜誌愛不釋手。訪問中那位演員提到，送走了年長的母親之後他終於了解到一件事：

「人事物都會離開，即使是母親，甚至是我的母親，該走的總是會走。」我接受了這句話，讓離開的事物自然而然地離開，這樣的感覺並不壞。

莫名其妙的想法

要說我個人對人類的偏好，那就是我認為人應該要有強壯的大腿。

每次看到太瘦的人我都會很擔心，不知道這個人上了年紀會怎麼樣……大腿要粗人才會健康。如果有人認為這是偏見那我也沒辦法，不過在長期的考生生活中，我學到一個讀書的訣竅，那就是大腦的運轉其實與大腿肌肉直接相連，或許是因為這樣，我只要坐在書桌前就會不斷撫摸大腿。

撫摸的目的是檢驗看看大腿是否安好、有沒有變瘦等等，感覺大腿健壯的同時也覺得自己好變態。

大家都說敏感的人大多很瘦，這是因為敏感的人總是精神緊繃，所以不太會長肉嗎？我偶爾會遇到像竹竿一樣的男人，站在對方前面，我會莫名發抖，感覺就像站在冷風吹拂的冬季草原上一樣，絕對不能不小心說錯一句話，否則對方就會當場癱倒在地。

我今天也繼續祈禱自己的大腿健康，雖然大腿健康並不能改變任何事。

最近的

樂趣

「最近有什麼有趣的事嗎？說點有趣的事吧。」年紀越大，就越容易遇見一碰面便以這句話開場的男人，看來大家過的都蠻無趣的。他們總會用有點挖苦的語氣說：「我過得普普通通，不知道你生活中有沒有發生什麼有趣的事」。大家為何要這樣？是因為無法忍受倦怠感嗎？平安無事地過生活是多麼寶貴的事情？大家都吃飽太閒吧？每當遇到這種情況時，我爸總是會說：

「真是身在福中不知福耶!」不然就是隨便說一句沒意義的話把話題帶開，像是吃飯了沒之類的問候。

「我也差不多啦。」

我內心覺得有點抱歉，畢竟我的回答也無法滿足對方，於是只好絞盡腦汁想出最近的一件事情來說。

「最近有個個人節目。」

「什麼，真的嗎?」

對方倏地彈起來，一副要把我吃掉的樣子靠向我。

「不是我啦，是我朋友。」

對方的臉瞬間垮了下來，又靠回椅子上。

「是跟什麼有關的節目?」

他說這句話時，還擺出一副「讓我來看看有沒有聽的價值」的態度。無論是網路討論區還是現實世界，都充斥著一堆自以為是專家的人，大家總把「我試過了、我朋友試過了⋯⋯」掛在嘴邊，大家都懂好多，真是神奇。

「這是我朋友的事，我也不方便隨便說⋯⋯」

「說又怎樣?我們又不會到處去講，你說說看啊，是你先開頭的耶!」

「但是⋯⋯」

「你這傢伙，真的很煩耶。」

賓果，就是故意要讓你很煩。這就是我「最近的樂趣」，
你不知道吧？

挑語病

「我活到現在，覺得人生真的沒什麼。」
「沒錯，人生就是這樣，及時行樂而已，
人生只有一次。」
大家都能若無其事地說出這種話，而我卻對這些話感到
有些猶疑。人生怎麼會沒什麼？
明明就很豐富啊。

抱歉
偶爾會說不出抱歉這兩個字。

不是因為不覺得抱歉，而是因為「抱歉」這兩個字本身給我的感覺。「對不起」感覺起來好像更大方、更自然，而「抱歉」兩個字出口之後，就會有一種自己在竭盡所能尊敬對方的感覺，自從得知了這一層意思之後，我就更抗拒說出這兩個字了，總會有種「我有錯，萬分惶恐」的感覺，要是早知道「抱歉」是這個意思的話，我應該從小就會避免使用這兩個字……。

感謝

謝謝、感謝，這兩個詞彙的感覺也有點不一樣。該說是謝謝這句話感覺更親切、和藹嗎？在生平第一次到訪的餐廳，接受老闆的款待之後，自然而然地會說出感謝這兩個字，不過如果是常去的麵包店，則會自然地說出謝謝。雖然這個差異很微小，但卻能從這樣的差異當中，感覺到他人與我之間的距離。

絕對

我會避免使用「絕對」這樣的說話方式，人們經常把「絕對不行！」掛在嘴邊，而且這件事也行之有年。

但我覺得這句話聽起來像是推卸責任，所以不會使用。即使是非得計較某件事情的時候，我也會用「以後可不可以不要這樣？」的反問方式來提醒對方。

永遠

實在太肉麻了，我說不出口，我們都是一些頂多只能活100年的生物⋯⋯

心
直
口
快

有時候搭上計程車,我會無法控制地一直注視計程錶。
學生時期一年搭不到一次計程車,因為當時連10元、
20元都錙銖必較,而車資往上跳的速度總是會讓我感
到心慌,每次都很想問「不好意思,司機先生,車資跳
這麼快是正常的嗎?」只是問不出口罷了。

一直到幾年前,有些計程錶上還會出現一隻馬在跑的
圖案。

那隻馬究竟為什麼能跑這麼快？就像在沙漠裡奔馳的駱駝與湯氏瞪羚一樣跑個不停……。不過還是有比這更讓我恐懼的事，那就是即使遇到紅燈那匹馬停了下來，車資依然會嗶嗶嗶嗶地增加！當初發現這件事的時候，我真的差點出聲大叫說：「司機先生！機器好像壞了！車明明已經停下來了，但車資卻還是增加了！」

……，這是我年輕時的事，現在不會這樣了。我現在覺得這樣是正常的，畢竟等紅燈時車子仍然在運轉中，所以最近我只會偶爾，稍微偷偷瞄一下計程錶而已。

一次

我每天都引頸期盼，一個月只有一天能見到他。
填滿我貧窮的心靈吧，雖然眨眼之間就消失不見。

這是Stella Jang的〈薪水只是存摺的過客〉的歌詞，聽起來就是在說我。進了又出、進了又出，天啊！聽完這首歌之後，讓我開始用新的方式進行財務管理。

我首先開始對付活存帳戶。銀行類金融機構大部分的活存帳戶利率都只有百分之0.1，但現在有兩間網路銀行雖然屬於銀行類金融機構，卻提供高於一般活存利率十倍的存款利率。於是我一口氣開了存款、零存整付定存等許多戶頭，利率高的話月繳限額就會比較低，我經過一番精打細算後選擇了最合適的商品。由於投資的狀況慘不忍睹，所以我決定先拿一半以上的月薪去儲蓄。

接下來是重新規劃我的信用卡。我考慮到年底報稅的黃金比例，配合課稅依據的個人所得，調整我使用信用卡與簽帳卡的頻率。信用卡的優惠大致可分為里程回饋和折扣優惠，最好配合個人消費習慣做出合適的選擇。年底報稅時還會有能夠扣抵所得稅的住宅約購綜合儲蓄，以及可獲得稅額優惠的個人退休年金（IRP），所以一定要好好規劃，避免自己白繳多餘的稅。

我也將保險分為成本型與保障型兩種。成本型的保險不得不更新保險合約，但保障型的保險則可以選擇不更新。

重點在於正確掌握保險的範圍，舉例來說如果保險只支付心臟病中的急性心肌梗塞，那麼就需要趕快修改保險的內容。急性心肌梗塞的發病率極低，最好換成保障範圍囊括所有心血管疾病的保險，三大疾病心臟、腦、癌症都有必要做類似的檢驗。足歲30歲以前都能夠加入年輕人保險，所以盡早準備保費就相對低廉。

保費、網路費、住家管理費、瓦斯費等每月固定的支出費用，我全部取消自動轉帳，而是改用能夠調閱明細的信用卡繳納。把這些事情全部處理完大約花了一個月，但我認為最重要的是一口氣規劃好，所以特別用心。

我開始這樣錙銖必較之後，爸、媽、姊姊、岳父岳母、太太的手足也都受到影響……。

要等到什麼時候，才能從無盡的束縛中獲得自由……。

—節錄自Stella Jang，〈薪水只是存摺的過客〉

孤獨的

吝嗇鬼

大家都很愛去免稅店購物，但我卻從來沒去過。免稅店跟百貨公司距離我很遠，就算難得去一趟，也只會到地下的食品區買一些零食，而且還是配合百貨公司關門之前的特價時間去買的，否則我會因為太貴而根本不願意消費。

「特價」是個總能獲得我關注的字眼。我在消費的時候，會特別關注折扣價格、快閃優惠、本月主打商品等資訊。

去超市時也會先去特價區的陳列架看一看，如果在那邊找到看起來還不錯的藍莓，回家的腳步就會變得輕盈不少，有種好像完成一件大事的感覺，雖然我也不知道自己完成了什麼大事。

海外直購也是不能錯過的管道。只要稍微辛苦一下，就能夠用比韓國便宜一半的價格買到相同的商品。雖然韓國的荒唐售價是逼迫人使用海外購物的原因之一，但使用海外購物並非完全是因為價格。即使是同樣的肥皂，在不同的國家販售使用的原料也會不同，雖然都是同個品牌的巧克力，但也不會完全一樣。每個國家規定的可可含量、植物性油脂使用標準都不一樣，而沒有任何化學添加物就能美味無比的外國有機點心，真的多到數不清……。

該節省一點、該存錢、不要亂花錢!雖然一直這樣提醒自己,但回過神來才發現手機又收到簡訊:「宅配的包裹幫您放在門口囉。」讚啦!

……。

我想一個人靜一靜。

現在回想起來，我真的遇過很多無法理解的事，那些
事情在人生的某一個階段一直扯我的後腿。

眼鏡。在幾年前做雷射手術之前，眼鏡於我真是又愛
又恨的存在。

眼鏡這個神奇的物品雖能讓我清楚看見這個世界，但同時也讓我本來就平淡無奇的外貌變得更沒有特色，是個讓我氣到無話可說的妖物。戴上眼鏡之後左右轉動自己的臉，總會嘆著氣想「好像感覺哪裡怪怪的」。

當然，不管我有沒有戴眼鏡別人應該都不在乎，但在我眼裡看起來卻有很大的差別。所以我會在閱讀、唸書時戴眼鏡，出門去跟朋友見面時則會把眼鏡拿下來。即使大半人生中所看到的世界都是模糊的，我仍然不覺得這很重要。此外還有一個秘密⋯⋯，那就是我認識的人當中，仍有很多人會在出門跟朋友見面時刻意把眼鏡拿下來，大部分都是男人，不，其實全都是男人。

＊

鏡子。為什麼即使我清楚知道自己的長相，卻還是一直想照鏡子？而且一天會照個數十次。

我會在廁所、在辦公室裡掛著的相框前靠反射看看自己的樣子，有時候甚至會把手機的液晶螢幕拿近一點，從各個角度端詳自己的臉。只要稍微能夠照出我的樣子，無論那個物體是什麼，都會費盡心思地觀看一番。自動鉛筆上頭的金屬平面在燈光照耀之下成了鏡子，能夠照出臉頰和下巴的樣子、手錶的錶面映照出瞳孔的樣子之後，我的注意力就不再是分針的刻度，而是緊盯著自己的瞳孔。在公車站等公車時，也會直挺挺地站在廣告看板旁邊上下打量自己，一邊看著廣告看板上頭模糊的身影，一邊自問「今天的我長得怎麼樣？」啊，真是個沒意義的問題⋯⋯。

我最喜歡的反射鏡是地鐵行進中呈現一片漆黑的窗戶，黑色的平面上映照的我，是最讓我滿意的樣子。些微的模糊掩飾了缺陷，但線條與輪廓卻又十分清晰，就像明暗對比精巧的黑白照片一樣。所以每次搭地鐵的時候，比起站在門的正前方，我更喜歡站在座位前面，看著自己正前方一片漆黑的窗戶。(只有我會這樣嗎?)如果人多到沒辦法拿書出來看的話，我更會凝視窗戶，一邊想著「嗯哼，比我預期的好耶」。

汽車也是個不錯的選擇。路過停在路邊的車子時，我都一定會看一下車窗裡映照出的模樣，心裡一邊喊著「嗯嗯，很棒！」一邊邁開步伐向前走。出門時站在門口的穿衣鏡前，還覺得今天的自己真是慘不忍睹，但看來在這過程中還是達到了平衡。

汽車真的是個讓人很難不喜歡的東西。坐在副駕駛座的時候，還可以把用來遮蔽陽光的遮陽板拉下來，緊盯著藏在那裡的鏡子。我想，應該不可能會有人討厭照鏡子吧？

我曾經去過剛開幕的美髮沙龍，當時不得不把眼睛緊緊閉上。因為一睜開眼我就會嚇到腳趾蜷縮地想：「眼前這個可笑的人是誰？啊，原來是我，在剪完頭髮之前我不想把眼睛睜開，怎麼可以放一塊這麼清楚、這麼老實的鏡子在這裡……。難道是還沒有上霧面塗料或還沒處理完的玻璃嗎？」當時我焦躁的一直用大拇指指甲去戳食指，一邊祈禱著拜託誰快來掩蓋我眼前這赤裸裸的真實。

一

啊，寫著寫著發現……，扯我後腿的，
難道是我的臉嗎？

就，
_____

什
麼
都
好
嗎
？

「就什麼都好，都可以。」

什麼？我的字典裡沒有這樣一個字。

*

那天是教師節，當時是J教授助教的我，必須向導生
收錢準備禮物，大家說叫我隨便挑什麼都好，所以我就
照老樣子提了紅蔘、咖啡、茶這些選項。

我覺得如果要隨便買禮物，那還不如送禮券比較實際，但既然由我負責準備，我就覺得即使過程會有點麻煩，還是要買適合J教授而且他沒有想到自己需要，但擁有之後又會覺得非常開心的東西。不過不能太貴，畢竟向學生收錢去買東西送教授這種慣例，本身就會讓人詬病，所以必須適可而止。

我要每個人交100元上來，收到的錢還不到1000元。

J教授是個比較沉默寡言的人，大家都說他是天生的學者，是個很安靜，而且只會在學校跟住家之間活動的人。總是對學生說敬語，好像自己的存在會對他人造成危害一樣，總是低著頭看起來很歉疚的樣子。

他的研究室裡有堆積如山的書，有日文、德文、英文的原文書，他好像把這些書看得很重要，所以無法將它們丟掉或賣掉，我每次進他研究室時，總是會注意觀察他的行為。

他好像很在乎書本上沾到的灰塵，經常會翻弄這些書本，甚至會雙手捧著一堆書站著。對了，就是這個！送一個小小的掃把給愛書的他，幫助他掃掉書本上的灰塵怎麼樣？我去了一間平時就有在注意的雜貨店，店內有賣可愛的鴕鳥毛撢子，但我還是轉向別的地方，最後停在韓國傳統的稻草掃帚前面。

雖然說是掃帚，但其實只有手掌大小而已，感覺就像傳統茶具裡面的保養刷，真的非常可愛。只用一根稻草做成的掃帚十分簡樸，我覺得沒有比這更好的禮物，再加上這是稻草達人製作的產品，也更讓我放心，於是我便請店家幫忙包裝起來，買完之後離開那間店。

＊

教師節當天，我們一起圍坐在教室的角落吃外送的便當一邊聊天。

「教授，您很喜歡登山吧?」坐在對面吃飯的學生問。

J教授遮著嘴笑了，他有點害羞又有些難為情。不知道是不是覺得放在旁邊的登山帽讓他有些尷尬，他時不時的就將帽子往自己的方向拉近一點。

「到了40歲之後就只能穿登山裝了。週末到北漢山登山口去可以看到一大堆中年人，他們不是因為喜歡登山所以才在那裡，而是到了40歲之後除了登山也不能做什麼了。」

我們一起大笑出聲。

正當大家都在笑的時候，我把放在一旁的禮物拿過來放在桌上，然後說：「教授，這是我們一起準備的禮物。」

J教授一副無地自容的樣子，從椅子上跳起來向我鞠躬，說：「哎呀，您們可以不必準備這些，真的……。」

學生們開始在旁鼓譟。

「唉唷，別這樣說啦，教授，您打開來看看嘛。」

「今天是教師節啊。」

J教授就在學生的盛情難卻之下拆開了禮物的包裝，可能是因為大家的視線都集中在他身上，他看起來非常緊張。

當他啪嚓一聲把包裝紙撕開的時候，我開口說：
「教授好像很愛惜書，所以我買了能夠把書本上的灰塵
掃掉的稻草掃帚。」

J教授突然睜大眼看著我說：「掃帚嗎?」他把那支掃帚拿
起來端詳，然後一手抓著握柄搖晃那支掃帚。

「是這樣用嗎?真是小巧可愛呢。」

「對，應該能夠把桌上的灰塵都掃掉。」看J教授一副
喜出望外的樣子，我放下了心中一塊大石。

「哇，你從哪裡找來這種東西的?」一位學生靠上前
來問，「看來助教很喜歡這種小東西囉?」

「其實我自己也很想買一個。教授，您研究室裡有很多
原文書，您都是到哪買的?」為了不讓對話的主角變成
我，我很快又向J教授提問。他是愛書人，跟書有關的
話題應該能夠侃侃而談。

「那些書在韓國很難買到,而且也很貴,我通常都是直接從國外買,雖然有些書要等一個月才會收到,不過等待也是一種樂趣。」

J教授不再理會那支掃帚,反而打開了話匣子,學生們則一一靠到那支掃帚旁,端詳我準備的禮物。

「好神奇喔。」那個叫我隨便買點什麼來的學長突然冒出這樣一句話,我假裝沒聽到,全神貫注地聽著J教授的話。

「你知道亞馬遜嗎?現在在亞馬遜買東西,寄到韓國運費不到300元喔。」幾個學生開始露出「又要老調重彈」的表情,瞬間整個空間裡的氣氛一分為二,在聽J教授說話的人都坐在他旁邊,不過其實只有我和兩、三個學生而已。有一道看不見的鴻溝隔在我們之間,兩群人彼此互不關心,開始聊起不相干的話題。

不知道過了多久,J教授開口跟一直沒說話的我搭話:

「助教，下次請不用另外準備禮物。大家聚在一起吃頓飯不就好了嗎？」聽完這段話以後我想，真的要像現在這樣，一起吃頓飯就好嗎？

他們的

心聲

因為我不是會把任何一句話當耳邊風的人，所以實在無法容忍別人罵髒話。

＊

年輕時我常罵髒話，彷彿要跟朋友競爭一樣，經常創造一些神奇的罵人方式。書架上的筆記本總是在開學第一天就已經寫滿了髒話，筆記本裡寫的也幾乎都是一些少見的詞彙。

「我的更兇!」

「才沒有,我的罵起來比較順口!」

「放屁,從發音來看我的才是最好的好嗎?嘿嘿。」

彷彿在較量一樣,我們炫耀著彼此的庸俗,明知道這樣一點好處也沒有,但還是成天把髒話掛在嘴邊。

我總是能在街上、在任何地方,看見與年輕的我相似的孩子。我一方面覺得他們可愛,但卻又有些遺憾。

會不會是因為不知道罵髒話之外的其他方法,所以他們才會這樣呢?因為還不知道如何沉默地堅守自信、不知道如何控制情緒,所以才會隨口罵出一些不堪入耳的話,絲毫不明白這樣只是在向他人揭露自己的不堪。

會用髒話罵人的人,通常都希望自己看起來更強勢,想藉著罵髒話來裝腔作勢,表達沒有任何事情能夠阻礙自己。

但這一切都是假的，這些人不強悍也不兇狠，只是可悲。他們內心真正的想法，會不會其實就像這樣：

「沒有人了解我，大家都不懂我真正的價值，所以我要罵髒話，讓他們好好聽我說話，這是一種衝擊療法，只要罵髒話別人就會聽我說話。」

大人其實也一樣，每個人都很脆弱，要一直逞兇鬥狠的生活該有多麼辛苦？不被愛、不被認同，該會有多麼孤獨？

陌
生
人
直
達
列
車

「禮金？那都是要還的啦，是一種債。」

J 說這番話讓他感到很失望，他忿忿不平地表示，雖不
知道收禮的人是怎樣的心情，但送禮的人絕對沒有這
樣想。「我只是給出我手上最好的禮物，誰送禮物的時
候會去想到回禮？而且也不知道自己什麼時候能結婚，
說不定根本不會結，而且人跟人的關係也很難說，不是
嗎？」他說的沒錯。

結婚之後，也就是說結束那混亂的結婚儀式之後，我們會開始計算當天收到的禮金，除了只有登記沒宴客的人之外，大多數的人都還是會為了父母而不得不辦婚禮。

一般的新人都會仔細製作名單，在思考要不要邀請這個人來參加時，我們也會回顧自己過往的人生。

「這個人一定會來，不用懷疑。」

「我真的不想邀請他……，但又不能不跟他說，真的好尷尬。」

如果不想邀請的對象是職場同事，而且還是同一個辦公室的鄰座同事，那真的只能啞巴吃黃蓮地送出喜帖，畢竟去度蜜月時公司的人都會知道。而有時即使邀請了對方，新人站在會場門口招呼賓客時也會一直想：某某人為什麼沒來？明明到了該來的時候了啊……。

對彼此的心意，真的能用禮金的數字衡量嗎？這種想法本身，會不會就是一件膚淺的事情？

還是說這是人之常情呢?如果現在有兩個朋友,一個送上一萬現金跟一封手寫信,另一個包了1600元意思意思並急急忙忙離開,我們真的能用同樣的態度面對他們嗎?如果遇到賓客名單上有他的名字,但禮金簿上卻找不到他的情況呢?難道是有禮金小偷出現,把那個人的禮金偷走了嗎?還是對方真的就只是想來飲酒作樂,順便見見好久不見的同學而已?還有明明已經親自去找對方送上3600元的紅包,但對方不僅沒有來參加我的婚禮,甚至連祝福都沒有的情況又該怎麼辦?我只能說,歡迎搭乘陌生人直達列車。

從朋友變成陌生人、從認識的人變成毫不相干的人,在這個轉變的過程中,我經常陷入長考。「究竟是怎麼變成這樣的?都聯絡不到他,以前我們很熟的說。」有時候甚至會因此而悲傷。我想起我曾經的精神支柱—赫曼·赫塞說過的話:

獨處的孤獨時光,會令萬物皆使我們悲傷。有誰能不因過往的青春歲月,將與自己最親近的人推入痛苦的

深淵，拒絕愛情、無視好意？有誰能不因反抗與傲慢，失去專為自我打造的幸福？

＊

比來來往往的禮金信封更使我們痛苦的，是聯絡的頻率。到頭來，成為陌生人也就只是不聯絡而已。越少聯絡，通往陌生人的直達列車速度就越快。

「為什麼每次都要我主動聯絡？」

當你開始產生疑問的瞬間，就表示列車已經靠近終點站了。

年輕時我經常有這類的煩惱，但後來才發現，整理人際關係也應該交給時間。如果是能夠彼此付出、攜手走下去的人，那關係就會延續，如果沒有緣分，那麼就會疏遠到讓人不記得兩人何時要好過。

年紀越大，會保持聯絡的人就會隨著時間快速減少。大學時期通訊錄裡有上百人，每天會跟幾十個人有短暫的對話，但現在已經不再是這樣，最近經常發生即便過了好多天，仍沒有任何人聯絡自己的情況。

人們究竟都跟誰在聯絡呢?我很好奇,肯定有一個聯絡的對象,但那個對象究竟是誰?似乎不是我……。

隨機聊天、聯誼軟體的使用者這麼多,表示大家都希望跟人有所連結。保障匿名的網路社群、部落格、社團、社群平台之所以這麼多,也是因為大家在網路之外都是一個人。難道是為了遺忘世界上彷彿只剩自己的感覺,所以每個人都在掙扎嗎?

即使準備結婚時曾四處奔走、和許多人見面交流,但結了婚之後卻有很多人連見上一面都有困難。我是如此,身邊的朋友也都是如此,雖然不知道為什麼,但我想我們每個人都在為了今天而忙碌。無業遊民很忙、上班族很忙、要帶小孩的母親也很忙,學生時期的朋友只會漸漸被遺忘。

如同季節更迭一般，徹底遠離彼此，越來越近的只有
「陌生人站」，有誰能擺脫這個定律？

真的有人能擺脫嗎？

國道司機的客運已經戴著耳機講了兩、三個小時的電話
了……，通話的對象究竟是誰呢？

朋友罹患甲狀腺癌，在鬼門關前走了一遭。

不會吧，甲狀腺癌嗎？是治癒率高百分之99的那種癌症
嗎？拜託，不會吧？那是五年存活率高達百分之100.2的
病耶？等等，存活率可以超過百分之百嗎？也太稀奇了
吧。

不說不知道，我朋友得的病，在甲狀腺癌中也被歸類
為罕見的情況，發病率只占整體甲狀腺癌的百分之5，
確診後數個月內就死亡的機率極高。

這傢伙切除整個甲狀腺，並且花了三個月的時間做了多次化療，喉結下方還能看見一個長達20公分的手術疤痕。「媽啊，我真的是死而復生，痊癒了啦。」他說。

這傢伙休息還不到一個月就開始上班，我還在想他會不會太著急了一點，但同時又能理解那種無法遊手好閒的感覺。重回職場才剛滿三個星期，他的表情開始變的陰鬱難看。

他很簡單地報告說，就是真的、超級、無止盡的累。我回他說早就叫他要好好補身體，沒想到他突然大聲回我說，那是荷爾蒙的問題，跟肝臟沒關係！我立刻同意他，是喔，是這樣嗎？乖啦乖啦。

這通電話持續超過一個小時（沒錯，朋友跟我是會視訊的關係），他一直在煩惱到底要不要辭職。

一方面煩惱不賺錢無法養活自己，同時也擔心接下來不知該怎麼找工作。再加上摘除整個甲狀腺，只休息兩個星期便重回職場，也很擔心癌症復發。由於確診到治療結束這段時間，把他的病假、年假全都用完了，所以無法再繼續休下去，要是有錢的話當然會想好好休息一年，但問題就是沒錢。說到這裡，他大大地嘆了口氣，接著他提到幾個罹患甲狀腺癌的藝人，說很希望像他們一樣，輕鬆的休息一陣子。就這樣抱怨了一陣子之後，結論是健康還是最重要的，然後他便沉默了下來。

我說無論他做出什麼選擇，我都會支持他，只要為自己的決定負責就夠了。如果想辭職，那就趁這個冬天好好休息，明年春天再準備找工作。如果要繼續上班，那就放輕鬆，好好吃、好好睡，不要挑食。

這樣寫下來會覺得我好像在說廢話，但靜靜聽著這段話的他，卻默默地將頭轉往別的方向，看來是讓他覺得很窩心吧。我接著說，無論如何都要做讓自己安心的選擇。

接著他立刻開口：

「你說的沒錯，但你知道現在問題是什麼嗎？就是無論選擇哪一邊，我都覺得很不安。」

他也真是的，這樣的話就從頭仔細再思考一遍啊

★

不安的源頭並不是工作、就業或金錢，而是癌症。繼續深入思考，就會發現我好像也得過所謂的癌症。高中時我的眼睛長了腫瘤，是眼窩淋巴瘤，自古以來就是一種罕見疾病，是上網搜尋會發現根本沒什麼資料可參考的那種病。

淋巴瘤是血癌的一種，與血液有關，不能依賴切除等手術治療，只能靠抗癌藥物進行化療，或做放射線治療而已。

某天，我整個眼睛腫到不行，眼白泛紅，起初以為是針眼。

花了一個多月在社區的診所看診，但病情絲毫沒有起色，診所的醫生便叫我去大醫院檢查看看。啊哈，醫生用了一個月的時間自導自演，最後才終於領悟到這是必須要去大醫院看的病嗎？後來我去金山仁濟大學的白醫院就診，從我家到醫院單程就要一個半小時的時間。

看病那天沒辦法到學校上課，上午我就躺在血液腫瘤內科的床上看著天花板。臉的其他部位都被蓋住，只有不舒服的那隻眼睛露在外面，然後對那個地方照放射線。根據我模糊的記憶，是紅色的雷射光從一個點發射出來進入我的眼睛，我覺得自己就像馬路大＊。這究竟是什麼呢？我想起小時候第一次接觸到雷射的事情。老師轉身在黑板上寫字時，我們就會拿雷射筆射他的後腦勺，晚上則會拿雷射筆射在公寓的牆面上，比賽看看誰的雷射光點可以射得最遠。醫生說，這種並沒有什麼最有效的治療方法，就從能用的方法當中選一個最合適的吧。

＊二次世界大戰時期日本731部隊在中國東北做人體實驗時用來指稱人類實驗體的字，
　日文原意為「原木」，意指可切削的物體，是一個貶稱。

看來我真的是馬路大。不過那時我見的世面還不夠多，不能理解究竟是怎麼回事，只見家人都沉著一張臉，只有我一個人不明就理。

後來我開始戴太陽眼鏡上學，這讓我瞬間變得出名。

「那傢伙是怎樣？幹嘛戴太陽眼鏡來上學？」
「聽說他生病了。」
「啊，對，他是說他哪裡生病？」
「眼睛。」
「眼睛？」

回想起來，當時我並沒有覺得很痛苦，會是因為我的心並沒有生病嗎？無論身體再如何難受，只要心不會痛苦就好。現在想想，好像真的是這樣。每次接受放射線治療時，充血的情況都不會太嚴重，也沒有太誇張的水腫，我有預感自己一定會康復，未來我還會健健康康地活下去。

大約半年的治療結束之後，醫生宣布我康復了，之後我便忘了這件事情，我覺得忘得乾乾淨淨比較好，所以我建議朋友不如乾脆享受忘卻帶來的好處。我跟他說：「你這四個月都沒有擺脫癌症，每次講電話時都在講癌症的事，既然醫生都說你康復了，那是不是就該放下它了？」

不知道是不是因為他第一次聽到別人說這種話，電話那頭的他竟露出吃驚的表情，也許是身邊的人都沒跟他說過類似的話吧。

「對啦，不管再怎麼難過、再怎麼累，飯還是要好好吃，我也該去做個超音波檢查了，我真的不能把甲狀腺癌想得太簡單。」

癌症、癌症，癌症的確是徹底改變他人生軌跡的巨大事件，這讓他對死亡有深刻的思考，深入思索關於生命這回事，個性會改變也是理所當然的。

肯定都是有一個事件發生，才會讓我們將生與死放在一起衡量輕重，但我認為，既然治療癌症已經是過去的事，只是不能重來的過去，再加上已經宣告痊癒，實在不需要繼續延續這個煩惱。我們更該做的，是將精力放在未來的健康上，不過這樣的態度並不只適用癌症患者，畢竟健康對每個人來說都至關重要。

去掉名為

他人的假象

沙特說：

「他人即地獄。(L'enfer, c'est les autres.)」

雖然不太清楚他的意思，不過我覺得這句話對了一半。

能帶給我們莫大幸福的雖是他人，但為我們帶來巨大痛苦的也是他人，所以他人其實是天堂也是地獄，不是嗎？有時候對別人來說像天使的人，對我來說就像惡魔，而遇到這種事時，我就會想拔掉自己的插頭。

「我真的快被他搞瘋了。」

「他到底做了什麼?」

「別提了,他根本是瘋子,真不知道為什麼他每件事都要針對我。」

「……他對你來說一點都不重要吧?」

「重要個屁,我們會有互動只是因為他是我同事。」

「下班之後就不用聯絡了吧?」

「廢話。」

「週末也不會見面吧?」

「什麼?一想到週末還要見到他就想吐,不要再說了。」

「那你乾脆就當他根本不存在啊,別為他費這麼多心思。」

「你做得到嗎?」

我可以,這是長期訓練的結果。我會乾脆把對方跟我之間連結的插頭拔掉,如果是不得不見面的關係,那只要在見面時用心應對,沒見面的時候徹底遺忘,就像對方根本不存在在這個世界上一樣。

第一步就是把對方的電話刪除，要先把電話刪除，才能開始抹除對方的存在，眼睛看不見了，才會開始意識到對方真的不在、不見了。

刪除聯絡方式這件事具備極大的象徵意義，是在潛意識中植入「我絕對不會主動跟這個人聯絡」的認知。

雖然會有那種必須在背後大罵特罵才能一解心頭之恨的對象，但那其實只是浪費時間、浪費精力不是嗎？我們沒時間浪費在那種人身上，那些時間真的好珍貴。

這世界上最公平的，就是每個人的一天都只有24小時。時間這麼寶貴，當然要用在更重要的地方，實在不能隨便浪費。我會頭也不回地和我的世界、我自己不需要的事物道別，無論那是人還是物品。

再來是無論如何也不要關心對方。不光是上下班時間、愛去的餐廳和午餐吃什麼等瑣碎的事情，還包括語氣、手機、汽車等，只要是和對方扯上關係，我都會努力不去記得，試著一一從記憶中抹去。這樣一來，那個人就會真正地從腦海中消失。有時候過完愉快的週末，星期一上班遇到對方時我會想：對耶，他跟我同部門⋯⋯。

但如果對方的工作指示、對待我的態度還是讓我很在意，那就需要稍微改變一下思考的模式了。我應該要聽進心裡的話，是那些愛我的人所說的話，所以如果不是源自於愛的話，而是出自「不好的情緒」，那把那些話當成耳邊風才是對精神健康有益的選擇。我們要暗示自己，感受不到愛的話語和行為，無論如何都要當成耳邊風。這樣一來才會慢慢地、確實地忘記那個人。殘忍且冷酷地遺忘。

★

沙特還說，許多人都活在地獄中，這是因為他們太過依賴他人的判斷與評價。或許他也曾經在地獄徘徊好一陣子吧，畢竟要曾經到過地獄，才會知道那是地獄。

「他的風評不太好……。」
「那個人的風評有點……。」

有時候我會想回「風評、風評的掛在嘴上講，這樣你的風評就會好一點嗎？」真不知道為什麼要這麼在意風評。先別說職場了，最近很多人就連加入同好社團都要上網查評價，一旦成為評價的奴隸，會帶來很多困擾。

我們每個人都會誤會彼此不是嗎？我應該照著自己原本的樣子生活，不應該假裝自己人很好、假裝是個深思熟慮的人不是嗎？

拋開希望他人徹底理解自己的期待，只要我這個人能夠持續獲得尊重就夠了，不是嗎？風評真的很重要嗎？跟我很要好的人，即使是表演倒退走摔倒出洋相，我們都能夠一笑置之，但如果是討厭的對象，肯定就連遠遠看到對方都會覺得頭痛……，

不是嗎？

我們真的應該快點拋開想滿足所有人的想法，即使認識了一百個人，其中能和自己長久往來的或許還不到一個。所以我會放輕鬆來看待這件事，如果覺得對方跟我不合，那就乾脆算了。

　　　　　　　　　　★

只要拔過一次人際關係中的插頭，就會用不同的角度看待世界，也會用不同的角度看待自己。你會驚訝自己竟然這麼寬容，那些每天讓你難受的景象，也能夠毫不在意地帶過，每天都會路過的街道，甚至會讓你突然感到親切。

彷彿困擾自己好幾天的便秘問題消失一樣，甚至比這
更暢快。

大家都

幸福的稱呼

上星期六，社區的小書店「書的春天」舉辦了一個盛大的活動。《我不是你下面的人》一書的作者裴潤敏貞拿著好幾個杯子出現在書店，杯子上寫了這樣的句子：

日常生活沒必要這麼斤斤計較吧？

—Men Talk

只是因為你自卑而已吧?

—Men Talk

*

我會去到那裡,是因為我被作者極度的敏感所吸引,從她身上感受到同類的氣息,不過我們之間有道無法跨越的鴻溝,那就是性別的差異。

在韓國,只要牽扯到婚姻,性別之間的差異就越無法彌補、越無法挽回。結了婚的女性身邊會突然出現公公、婆婆、小姑,自己則開始變成寶貝媳婦、弟媳、嫂嫂。

正當大家都覺得這活動「哪裡有點奇怪……」時,作者突然開口說話:

「各位,我們要不要一起在彼此的名字後面加上『先生或小姐』這樣的稱呼?」

因為作者的這句話,以家庭為單位出席該活動的人之間開始出現一些騷動。

「大家這樣過得好好的，妳到底有什麼問題？」她的提議遭到拒絕，而作者希望透過對話了解彼此想法的意圖也被抹煞。那些對她來說如刺在背的話語，都是些人身攻擊，像是「搞什麼女性運動啊，真受不了……。」之類的發言，而她就這麼忍受著這些汙辱，一步一步堅定地前進，我真的很佩服她的勇氣。

「晚輩怎麼能這樣跟長輩說話？」
「是把我家當成笑話嗎，怎麼能說出這種話啊？」
「這種時候就需要一家之主出來維持秩序……。」

那些連在家庭中都長幼分明的人所表現出的態度，是否應該當成是人類的本性來看待呢？還是只是幾個個案的個性太誇張而已？我實在想不出個答案。
當人類形成一個群體之後，似乎就一定會依權力產生排序。
舉例來說，即使團體裡只有兩個人，但在決定一件事情時，最終的決定權還是會偏向某一方。

像是什麼時候要在哪裡見面、午餐要吃什麼、見面之後談論的話題等等，都是由特定的一個人主導，而我覺得這樣的主導權，在我們的社會中輕易地以性別、年齡與職等來區分。

★

作者經常用文字表達說她提倡創造讓所有人都幸福的稱呼，而我每次看到這段文字都會暫時停下來思考。

人人平等、人人幸福的團體，真的會存在嗎？

人類史上曾發生過這種事情嗎？

我想起曾經被我當成笑話的一篇文章，內容是說自古以來人類就一直被兩個問題困擾：

你愛我嗎？

這裡誰是老大？

人類聚集的地方，就一定會產生第二個問題。會不會是長期為這個問題爭執的人類，最後對此感到厭倦，進而創造出王族、階級、排序、稱呼這些名詞與制度？畢竟大家都知道，人必須從小就接受洗腦、植入這樣的觀念，才能夠去侍奉某一個人，在這樣的情況之下，即便偶爾出現對抗權威的人，也會被當成社會的異類。

★

或許是因為這樣，我才覺得不能用「社會本來就是這樣」的說法敷衍過去，因為如果什麼都不做，對方就會覺得我們是沒用的草包。

即使無法改變繁雜的社會制度、無法改變人人都體驗過的職場位階差異、無法打破職場的玻璃天花板，至少對人的稱呼是自己可以改變的吧？

不，我們不該把這單純看做是「稱呼」而已，稱呼其實代表了一個人在團體內的位置與角色，會一點一點地影響我們的想法。

「你的程度只有這樣，把交給你的角色扮演好就好，不必強出頭。」

「這才是你該待的位置，時時刻刻都要記住，你可不是帶頭的。」

「如果不想遵守秩序就離開，不適合就離開才是正常的法則吧？」

在殘酷的力量理論之下，個人無可奈何地只能低頭，但那些敏感的人們，卻在看不見的地方準備改變這個世界。即使無人理解、不斷被指責，擁有相同想法的人仍不斷地被吸引，就這樣一直默默地努力到今天。

我呆站在這列隊伍的最後面，決定等看看誰會是下一個過來的人，有新人加入的時候，我要用他的名字稱呼他就好。

哪裡只有

一兩個？

高中一年級。

意外地在廚房打破碗、弄掉鉛筆之類的東西時，

我總會想：

「這是什麼徵兆？要發生什麼事了？」

到了考試期間，這樣的症狀會更嚴重。

「不管是什麼東西都絕對不要弄掉，說不定是會讓成績
往下掉的徵兆。」

如果依照這個想法來看，那我整個學年的成績應該都
完蛋了。

因為只要一有機會，我就會弄掉各種東西。姊姊聽完我的煩惱之後跟我說：

「你連這種事都會在意喔？」

對，其實我很在意，而且經常發生。就好像我不知道自動鉛筆掉在地上，但卻一腳踩下去，這會讓我覺得接下來將發生不好的事情。這一類的事情總會讓我莫名感到不吉利，這就像詛咒一樣，你不懂這種心情嗎？

這時候，總會有人冒出來說一句：

「你就當成是擋災啊，都看你怎麼想啦，換個想法就好。」

什麼？如果要特別做這種事擋災，那還是你自己去做吧。

畢竟說到擋災我可是專家，我的擋災經歷可是有30年了呢！

*

國中二年級。

那段時期，總是有很多試煉，像是用左手拿筷子之類的。

大家應該都有試過吧?聽說右手是左腦控制,左手是右腦控制,所以努力嘗試了好久,覺得好像非這麼做不可,絕對不能輸!

一個班上一定會有三、四個左撇子,他們看起來都很特別,為什麼他們會是左撇子?喔……,好稀有,看起來好棒!!那簡單的筆記我也用左手,刷牙也用左手,結果怎麼樣?唉唷喂呀,唉,不管了啦。

＊

大學一年級。

我迷上了陰陽五行,根據算命的結果,我命中有很多木、火跟土,但卻沒有水跟金。

不是比較少,而是根本沒有?嘖,老天爺也太隨便了吧,怎麼能這樣對我?於是我開始帶著金項鍊出門,感覺好踏實,有一種整個人都完整了的感覺。

過了好一段時間之後才知道,金項鍊其實是我媽媽希望女人離我遠一點的計策。

我脖子上那條閃閃發亮的金塊，會讓女生大吃一驚然後逃走，一副看見什麼凶神惡煞的樣子，唉，真是的！

每當一個人吃午餐的日子，我都會隨便解決，然後躲進
社區的咖啡廳裡殺時間。這時路人的對話會不經意竄入
耳中，尤其是家中有青春期子女的家長對話，聽著聽著
就讓我想起電影〈東京故事〉裡的一個場景。

「失去孩子真的讓人很痛苦。」
「但一起生活更痛苦。」

★

20歲，第一次跟家人以外的人一起生活，真的每天都有
驚喜。

「杯子怎麼會在這裡?杯子不該放在這吧……。」
「牙膏怎麼又隨便亂擠?應該從最下面開始往上擠比較
好吧……，唉唷……，真是的，受不了。」
「髮圈到底放到哪裡去了?需要的時候都找不到。
衛生紙沒了，用完為什麼不拿新的來換啊?」

厭煩、憤怒、神經質、壓力，最後陷入無法理解的
泥淖。
與他人分享生活空間，是否就應該做好看見對方底牌
的心理準備?我跟朋友一起在下宿分租房間將近兩年，
那時我們真的很熱血。

每件事情都意見不合，彷彿天天身處大小衝突不斷的世紀末，沒有一刻放鬆。

「你到底有沒有常識？要不要去找個路人來問誰說的才對？你現在立刻出去問啊！」

「喂，我才是最符合常識的人好嗎？我覺得奇怪的東西就是真的奇怪，你這臭小子才不正常。」

「算了，你老愛用力砰關房門，是故意要甩給我聽的吧？」

「那你呢？抽完菸等味道散掉再進來好不好？你嘴巴有餿水味，你都不知道嗎？」

「你不要再穿你們系上的外套了，真的有夠丟臉，又不是去學校當官，你以為你活在朝鮮時代喔？」

「怕人家不知道你A型喔……？真的毛很多耶！」

「你現在是說完了沒？你打呼的聲音超大，想辦法處理一下，害我都睡不著！」

20年來各自生活的兩人，開始要在同一個空間裡生活，就會變成一場戰爭。13平方公尺大的小房間裡，隨時都戰雲密布。

*

「不要嘗試改變他人，尊重他人原來的樣子，別把自己的標準套用在他人身上。」

世界上，尤其書上真的有很多金玉良言，或許就是從那時開始，我跟書走得越來越近。

我甚至開始有這種想法：

「讀完這本書肯定能變成更好的人，對吧？」

「啊，讀完這本書之後想跟朋友見面……，

我應該會有一點不一樣……。」

於是我放下那本讓我哭喪著臉的書，前往跟朋友約好的地點。為了成為更好的自己出現在他人面前，我真的目如火炬地不斷讀書。

非到萬不得已，誰會想在房間的牆上貼滿「謙遜」、「尊重」、「敬愛」這些字眼呢？就像要對自己下暗示一樣，藉由這種方式讓自己不斷堅定決心。要成為一個懂得理解他人的人、要貶低自己抬高對方，但這樣的努力只維持了一個晚上。我意識到自己能堅定決心的時刻，就只有在紙上寫下「他人是反射自己的一面鏡子」那一刻而已。

這一切都是白費工夫。我真的很想要好好珍惜對方，想用美好的態度看待這個世界，但他人終究是他人，無論是家人、朋友還是戀人，都絕對不可能成為我，每個人的想法都不一樣，我偶爾會被這個理所當然的想法嚇到。

自那時起，不知不覺十年光陰匆匆，我在這之間結了婚，與太太展開一段提心吊膽的同居生活。這次的對象整整30年沒跟家人以外的人一起生活過！我實在不知道自己究竟能不能撐過去。

一眨眼結婚已經兩年，我們的故事好像還能夠再繼續寫下去，只要太太能夠了解我有多麼努力的話⋯⋯。

不過，親愛的，妳喝水的時候不能先把冰箱門關起來再喝嗎？

蒜泥

帶來的冥想

我錯過了轉乘站。

而且還是錯過要從地鐵一號線轉搭四號線的衿井站,當我聽見下一站是鳴鶴站的廣播時才驚覺,我是第一次聽到這個站的名字。

這樣的話,該不會……?我大吃一驚,開始四處張望。

有個人挺著啤酒肚在我眼前晃來晃去,我不管怎麼轉頭,都只能看見他的肚子。

從轉乘站上車的人,把整個車廂擠的水洩不通。

我的汗在我背上形成一條漢江。

我嘗試找回平常心，也想說既然都坐過站了，那不如就繼續搭下去好了。我必須從衿井站前往轉乘四號線的舍堂站，但既然都錯過了，那就繼續搭下去看看，改到新道林站換搭二號線，應該就能到舍堂了，這個方法好像也不錯？不過打開衛星定位之後，我突然又愣住了。我搭的這台車是往另一個方向走，舍堂剛好在完全相反的方向。我開始自責到底為什麼要呆坐在這裡，竟然還因此錯過轉乘站？時間一點一滴飛逝的委屈和焦慮也逐漸加深。

一號線速度很慢，而搭一號線的人又很多，我的焦慮就像麵包一樣膨脹得越來越大。雖然外表裝作若無其事，就像一位引領船隻順利往目的地前進的船長一樣坐在那，但其實內心有如怒海翻騰。廣播說列車為了與前車保持距離，要在原地暫停一下，我是知道維持安全距離很重要，但為什麼偏偏要在我很忙、很焦慮的時候發生呢？

最後實在忍不住了，我只好在加山站下車轉搭七號線，然後再到大林站換搭二號線（急忙換車的時候，也沒忘記要4-1號跟7-3號車門上下車才能快速轉乘），才終於鬆了一口氣。二號線的舒適真是令我感激涕零。

好不容易回到家附近，才發現我不過比正常轉乘還要晚了30分鐘而已，不過我的精神卻已經徹底累癱。我大口喘著氣，腳步踩得比平常更重，像是要把泥土踩得更紮實那樣，用力大步向前。我想找個對象洩憤，但卻沒有任何一個能發洩怒氣的對象，因為恍神而錯過轉乘機會的我，能責怪的人只有我自己。

*

我決定要裝作手裡沒有任何東西那樣，以放空的狀態專注在簡單的重複勞動上，而那件事情就是把蒜頭切成蒜泥，分裝後再放進冷凍庫。

無念無想地切著蒜泥，心情就在這段時間內平靜下來，我再也想不起任何事情，把那天的事全部忘記，失序的心跳也恢復了原本的平靜。

不管是要切蒜泥、剪指甲還是洗碗，將精神投注在這些單調的事情上總是對自己有益，這是一段能讓轉個不停的大腦暫時休息的時間，只要讓身體依照記憶動作就好，不需要做多餘的思考，只要專注每一個動作就好。時間就在做這些事的時候漸漸流逝，唯有這點才是最重要的。冥想其實沒什麼訣竅，就是讓時間依照正常的速度流逝，讓自己恢復成該有的樣子而已。

星期五晚上

去三一文庫

下班之後，我去了三一文庫。那是一間由紅色磚塊建造而成的書店，令人聯想到建築師金壽根設計的大學路ARCO美術館。書店內的景象和一般書店不同，宛如一座策展人精心策畫的畫廊，我在書架之間閒逛、亂看，感覺平靜又悠閒。

這段過程中，感覺一星期累積的疲勞一一被沖淡，這星期也為了工作、為了應付他人疲於奔命，一轉眼時間就過了。無論別人怎麼說，一星期的最後都要用逛書店作結。

光是走在書架之間，就能讓僵硬的身心放鬆，雖然沒到森林浴的程度，但書本卻用與樹木不同的方式靜靜地擁抱我。

如果首爾市中心能有這樣的空間，那會多麼擁擠呢？光想都讓我頭皮發麻。因為不在市中心，所以才能享受這種特權嗎？正當我在胡思亂想時，書店裡傳出電影〈冷靜與熱情之間〉的大提琴演奏曲，那是我非常喜歡的旋律。

「真美……。」我不自覺地脫口而出，緊接著便害怕被別人聽見而四處張望，幸好我身邊一個人也沒有，彷彿我一個人包下這寬敞的空間一樣，火熱的星期五晚上，我竟能夠獨享一間整潔、不落俗套的書店，未來還有什麼機會享受這種好事呢？我好不容易才避免自己當場感動落淚。

三一文庫對我來說十分特別，書店的每個角落，都充滿令我好奇的事物。我會在意外的地方，發現攝影師薩爾加多的作品，也會在書店中央的小拱形空間裡，發現哲學家卡爾•薩根的特展，令人無法意識到這裡究竟是書店還是美術館。

從書架之間隱約傳來的旋律，是平靜的古典樂與電影原聲帶。過去紛亂、混雜的一星期頓時消失得無影無蹤，悠揚的樂聲緩慢且平靜地沖刷著記憶。我靜靜地等待讓過去的事情，真的能夠成為過去的那條路在我面前開啟。這是我送走一個星期的儀式，緩慢、平靜，星期五晚上的三一文庫，總是以我理想的速度前進。

2

看見敏感的國度

充滿了

夢想與希望

敏感的你、我，

以及我們

我們都會被人生中一切美好的事物吸引。好書、讓人心情平靜的音樂、煞有其事的畫作、美麗的事物與照片、旋律與風景，會被令人驚豔的風景或大自然感動、駐足。

★

我們只會不斷地努力，讓平凡的日常變成每一個珍貴的時刻。

我們會煩惱該怎麼做才能讓一天更美好，會用心地顧及每一個細節。

擺放茶杯與紅酒杯的藤編杯墊、為了讓桌子不要太顯髒亂的湯筷架，甚至是義大利麵上桌之前，要用起司刨刀刨個幾片的帕馬森起司。我相信這些事物都不輸給書本、電影、藝術，能讓生活更加豐饒，能將我們的視線停留之處妝點得更加美好，就跟將我們的內在精雕細琢一樣重要。

一個遲鈍的人如果被邀請去吃晚餐，會一直把自己的湯筷放在不對的地方，但若像我們這種會本能意識到這點差異的人，就不可能誤放到別的地方。因為我們知道，就連湯筷都有它們該在的位置。輕輕地將筷子放在筷架上時，我會思考筷架的材質，並以此想像對方是怎樣的人。

「那個人會用怎樣的湯筷架呢？瓷的？原木？還是粗獷的石頭？」

偶爾那些簡樸的事物，反而會讓人感覺更有品味。有一些美麗，源自於未經人手雕琢的原始！我曾經在認識新朋友之後的返家路上，心情愉快地想像，希望這個走進我世界的人，能夠擁有與眾不同的美感與細膩的眼光。

★

這樣的傾向，導致我們無法跟久未見面的朋友隨便找個地方用餐，一旦約好見面，我們會先開始打聽附近值得前往的餐廳。幾個人隨便約在地鐵的幾號出口見面，然後一邊徘徊一邊思考「要去哪裡」這種事，一點也不像我們。以出類拔萃的美味而聞名的店家、氣氛美好的餐廳，甚至是能夠靜靜聊天的咖啡廳……，我們會仔細調查附近的資訊，挑選幾個合適的地點。

也不會忘記把這幾個地點連在一起，看看動線是否順暢，接著會反覆觀看，直到不看地圖也能走到目的地為止。因為跟對方見面時，必須自然地介紹附近的環境，但這樣偶爾會讓我們變得有些自戀，我們會想：「『事情能夠完全交給你負責』這句話，不就是為我們而存在的嗎？」

如果不是每天都會見面的對象，就不能用隨便的態度跟對方去吃飯。俗話說好鞋子會帶人到好地方，我相信我們跟他人共度的場所，也會對自己與對方分享的回憶產生巨大的影響。當然，偶爾也會被老舊、簡陋的餐廳吸引，偶然發現一間沒有調查到的店時，總會覺得自己像個拓荒者，不過大多數時候還是會選擇去信賴的店家，因為想做不會失敗的選擇，在他人與我之間留下美好的回憶。

看到對方沉醉在氣氛當中，睜著大眼打量店內的模樣，我們會暗自竊喜地想「今天也成功了！」對某些人來說，找地點、訂位或許是很麻煩的事，但對我們來說不是這樣。一一深入了解是一種樂趣，這是享受愉悅的一餐、留下美好回憶的準備過程，所以我們總是能以愉快的心情面對。決定地點、預約訂位、比約定時間早10分鐘左右提前抵達入座占位，那是我們這些敏感人的基本。

總有些人要到約好的時間才會起床，然後才聯絡朋友說會晚一點到，這時候我……，只能咬著嘴唇從包包裡拿出書來讀。

看見敏感的國度，

充滿了夢想與希望

有一首音樂劇歌曲叫做〈大聖堂的時代〉，我很喜歡這首歌，但我覺得歌名實在太脫離現實。畢竟不管怎麼說，現在都是大企業的時代，而且還是狡猾至極的企業的時代。一直到前近代，人們都還相信神的存在，但到了現代，神卻只存在於錢包裡。對我們來說，命令就是沒有形體的神，要我們隱蔽真相、將謊言當成真相宣傳、讓人們始終堅信不移。

因為偽造燃料消耗率而引發爭議的進口車仍然暢銷；因加濕器殺菌劑騷動而導致無數母親陷入恐懼之中的那間公司仍然健在。假使一間販賣新生兒奶粉的公司只要女員工結婚，就會讓她們從正職轉成約聘，女員工懷孕還可能遭到解雇的話，大家會怎麼想？還有比這更荒謬的現象嗎？

公認敏感的我，絕對不能就這麼視而不見，於是我立刻開始抵制這些惡質企業。

抱持著「永不忘記」的心情，從個人能夠做的事情開始，我相信改變就是從這些小地方開始的。

「為什麼要活得這麼辛苦？你這樣有比較了不起嗎？」

聽到這種刺耳的話，人人都會手足無措，對那些意志力比較薄弱的人，我想提供一點意見：

遇到這種狀況，就大聲笑吧，因為根本沒有必要反駁對方。

—

看到個人或團體因為跟我有同樣的想法，因而開始抵制蠻橫大企業的新聞時，我總會輕快地哼著歌，因為我看見了一個敏感的國度，這裡充滿了希望與夢想。

但是，

可
是

「喂，你!喂!門打開!立刻把門打開，混蛋!」

中年男子的喊叫聲清楚地傳入我耳裡，星期六晚上11
點，瞬間劃破了平靜的夜。樓上正在發生什麼事，似乎
是家庭中的激烈爭吵。

「啊啊啊!」砰砰砰砰「喂!開門!」
對方毫無反應，只有男人單方面發出怪聲。

我抓住坐在旁邊讀書的妻子的手，心裡非常糾結，心臟噗通噗通跳個不停。

砰砰砰砰，砰、砰、砰、砰。

男人無法遏制怒火，以極快的步伐在門前徘徊，並不斷敲著房門，期間還有兩、三次撞擊東西的聲音，難道是用槌子敲房門的聲音嗎？接著是一段時間的沉默，然後便傳來一陣高八度的尖叫聲劃破了寂靜：

「放開我！快放開我！放開！啊啊啊啊！」

那是個聽不出是女性還是小孩的纖細聲音，該報警嗎？還是該先通知警衛室？還是很快就會平靜下來，應該安靜地等著？或者應該是我主動上樓去阻止兩人？我的腦袋一片混亂，狀況實在太緊急，無法和妻子兩人靜下心來討論。

尖叫聲越來越大，實在無法坐視不管，想著得採取一些行動並起身的時候，我突然聽見一句奇怪的話：

「怎樣啦？是誰？什麼事啦？」

看對講機旁標示的電梯所在樓層數，發現就在我們家樓上，看來已經有人出動了。就在我煩惱該怎麼辦時，已經有人先做出行動，接著樓上很快安靜下來，那天晚上就這樣過去了。

＊

隔天下午，電梯門正要關上時，一個孩子跑了進來。他按下比我們家高一層樓的按鈕，我心裡一邊想著該不會那麼巧，一邊看著那個孩子，而他以一副似乎也知道我為什麼看著他的樣子看著我。

我開口：

「昨天晚上⋯⋯？」

孩子說：

「對，沒錯。」

我們沒有太多時間，電梯正奮力向上跑，我咬著嘴唇看著他，而孩子只是靠著電梯的牆壁扭著自己的身體，視線不斷在電梯牆壁與我的臉之間來回。

「沒事吧?」這是我唯一能說出口的話。

「沒事⋯⋯。」他也給了我唯一能說的回答。

我先出了電梯，並靜靜地看著他，試著用眼神傳達安慰與鼓勵，有好好傳達給他嗎?那孩子或許是想讓人覺得他很坦然，所以微微笑了一下。我打開門走進家中後，在玄關靜靜地站了一下。

那是屬於他人的事務，為了跨進去管那件事，必須鼓起很大的勇氣。「少管閒事」聽起來或許很像是無謂的反駁，但插手去管別人的家務事這種令人提心吊膽的事，對任何人來說並不容易，我們畢竟沒有足夠的勇氣。「他們會自己看著辦吧，不會有什麼事啦。」現代人的興趣已經漸漸變成沉默與旁觀，特技是憤怒與說三道四，不是嗎？在緊急情況下，我們會閉上眼睛、關上耳朵，告訴自己：「事情都會過去，不要在意。」

走在路上看到別人跌倒時，人們或許會靠過去問：「沒事吧？有沒有哪裡受傷？」但看到兩人在路上爭吵時，卻無法當機立斷走上前去勸架。畢竟他人的事務是屬於對方的個人領域，我們又有什麼資格出意見、干涉他人呢？

*

國高中時期，因為想要從自己能力所及的範圍開始行善，所以只要在路上發現垃圾，就會全部撿起來，算是讓自己沉浸在做好事的滿足感當中，更毫無科學根據地相信這些事情會換來好運。幾個朋友會噘著嘴說：垃圾要擺在那裡，清潔人員才有工作可以做，叫我不要不自量力地強出頭。對年紀尚輕的我來說，那些話聽起來實在有些不是滋味。依照這番話的邏輯來看，阻止他人施暴這件事，是否也應該只交給公權力去處理？畢竟那是別人的事，不是我們的事。

但是，可是，那必須是我們的事才對啊，不是嗎？
因為無法改變他人跟這個世界，所以我才下定決心，至少自己不要當個冷漠的人。面對每天見面的家人、朋友、因工作而結緣的人，應該要主動露出笑容，應該主動走進遭受暴力威脅的人，輕聲地問一句「沒事吧？」並靜靜地陪伴在對方身邊。

我們不該忽視人類心中的攻擊性、殘忍、慾望與漠不
關心，而是應該正視這些問題，並努力安撫這些情緒，
再花上幾天幾夜的時間，煩惱日常生活中遭遇的小事，
正是這樣的事，才應該是我們的事，不是嗎？

*

你一個人擔心這些事會有什麼改變？

有，我會改變。

這都是

什麼

如果有人沒頭沒腦地打開我的包包，應該會說：

這都是什麼？

手帕、衛生紙、環保杯、折傘、濕紙巾、零錢包……，甚至還有皮鞋修皮刀。即使我只是想出門一下下，還是會徹底準備好才離開家門。不是有這樣一句話嗎？「被子外面很危險！」

＊

每天早上我都會看氣象，不，不對，其實是前一天晚上就會看，甚至從一星期前開始就會關注。

要事先掌握接下來這一週的天氣狀態，我才善罷甘休。掌握天氣這件事，就好像在遊戲中作弊一樣。在無法預知未來的生命中，那是我們至少能夠稍微窺見未來的時刻，我實在無法不被這樣的誘惑吸引，而且有一些事情是要知道天氣才能決定的。

首先就是要不要帶傘。下雨機率在百分之50以上時，就會帶長傘或兩段式的折疊傘，如果機率低於百分之50則帶三段折傘。也就是說，無論降雨機率是百分之70還是30，我總是隨身攜帶雨傘。陽光普照的日子，雨傘就能搖身一變成為陽傘，所以絕對不能不帶。再來則是看懸浮微粒指數決定要不要戴口罩出門，但其實這也是騙人的，因為無論天氣好壞，我的包包角落總有至少一個緊急口罩。

偶爾覺得憂鬱，想把臉遮起來的時候，也會把口罩拿出來戴，所以口罩也跟我形影不離。最後是確認日夜溫差，再決定是否要帶圍巾、手套、羊毛衫出門，這些都是能視情況穿脫的換季萬用單品！他們也都是我很愛惜的寶貝。

*

搭客運巴士旅行時，我就更能發揮自己的準備能力。出發之前我會去咖啡廳點飲料，如果是秋冬兩季，那最好是熱美式咖啡。我不會拿外帶杯，而是會從背包裡掏出杯子來遞給店員，然後看著我的環保杯小心翼翼且含蓄地，在店員手裡抬起頭來。

環保杯裡裝滿了熱熱的飲料之後，我會再拿幾張衛生紙和濕紙巾，它們擁有無窮的用途。

接著搭上高速巴士前往目的地，路途上開始覺得嘴饞，肚子有點餓，然後呢？我的魔法口袋裡就會出現一些東西，像是橘子、半熟蛋、香蕉、檸檬糖、水……，當然還有最讓我期待的熱美式咖啡。

每當我掏出東西時，同行的朋友都會對我投以又驚又喜的目光，還問我這麼多東西到底都收在哪裡。我的個性真的不是普通仔細，每次拿東西出來吃，到最後手上總會沾到一點什麼，指節之間若是殘留黏黏的果汁，那真是無法忍受，遇到這種情況那還真的不如不吃。就是這個時候！燈愣！濕紙巾出動！最後再用衛生紙把手擦乾。

★

那手帕呢？要說手帕的話，那可是我大學時的必殺技。去聯誼、開會有人打翻東西時、有液體流出來或物品沾到什麼時，我的手總會毫不猶豫地伸向後面的口袋。鏘鏘，拿出我的手帕！而且還燙得整整齊齊，是能讓女生心動不已的可愛手帕。

「妳拿去吧，下次見面時再還我。」
接下來的發展，就像青春愛情劇裡的台詞。

「還是我週末去找妳拿?」

……嗯。

那時我真的能夠毫無顧忌地說出這些話,也因此經常在
愛情裡失敗。嗯?我本來不是要說這個的啊,真的啦。

無論再怎麼忙、無論別人怎麼說，我都還是會注意一件事，那就是物品的原產地與食品的所有成分。唯有這點是我會特別在意的地方，有時候甚至認為這比錢更重要。

零食、飲料、冰淇淋這些能夠撫慰飢餓感的零嘴，根本就是化學成分的饗宴。閱讀某些零食的成分標示，會發現竟然能夠寫上十行。我不禁懷疑，這些人難道是拿食物在做化學實驗嗎？

我盡量不去碰工業生產的食物。我真的很好奇，那些東西究竟加了多少防腐劑，才能夠讓保存期限那麼長？一般的草莓沒辦法放超過一個星期，酸酸甜甜的橘子也頂多只能放十天而已！

話說回來，跟「Made in China（中國製造）」相比，「Made in Cambodia（柬埔寨製造）」、「Made in Indonesia（印尼製造）」反而更值得信賴，這到底是為什麼？是我的錯覺嗎？

李碩元

簽名會現場

我去了李碩元的簽名會。是2018年11月18日在光化門教保文庫辦的那場，那是個對他來說十分特別的地點。簽名會雖然下午四點才開始，但三點就開始發放號碼牌，這件事我是透過他的部落格得知的。於是兩點多我就抵達書店，在散文書架區徘徊，幸運地拿到了第28號。

一站到排隊區，就有一位女性急忙貼到我身後。

她漲紅著臉問整隊的工作人員：「這是在排李碩元的簽名會嗎？」工作人員回她說對，她立刻皺起眉頭回問：「奇怪，剛才不是說不排隊嗎？我就是聽說了不排隊，才先去別的地方再回來，你們怎麼能這樣？真是的！」工作人員也露出有些尷尬的表情，回說原本是沒有要排隊，但因為人突然變很多，所以才不得已開始排隊。

「我很早就來等了耶，喂……，這樣真的讓人很困擾。」這時看起來像是跟她同行的另一位女性上氣不接下氣地跑過來：

「發生什麼事了？」

「姐，真的很煩耶！」

「怎麼了？」這時工作人員已經走到隊伍的尾巴，不在我們旁邊了。

「他們剛才明明說不排隊，所以我就去了別的地方，回來就變成要排隊了。」

「是喔？」

「對啊。」

「排到這裡還算可以吧?我們前面有100人嗎?應該沒有吧。」

「不是啦,但既然他們說了不排隊,那就要按照當初說的來啊。」

「唉唷,沒關係啦,還是可以簽到名嘛。」

「李碩元身體不好,簽名會可能會中途暫停,妳也知道啊!」

「這我是知道啦,但也不能怎麼辦啊。」

就站在兩人前面的我也覺得,確實是不能怎麼辦。前面已經擠滿了人,開始有越來越多人排隊,一瞬間書店變得像遊樂園一樣,店家也覺得不能再這樣下去,所以才在2點40分左右開始發號碼牌。簽名會開始之後聽別人說,3點來的人拿到了200號,但又能怎麼辦呢?這個世界就是這樣,人的事情偶爾就是會跟我們預期的不一樣。

　　＊

拿了號碼牌後為了打發時間，我在書店裡逛了一下。週末書店人真的很多，從媽媽牽著的小孩到看起來立刻要去夜店的時髦年輕人，教保文庫最自豪的原木桌已經被坐滿，我只能找個角落坐在地板上，打算閱讀剛買的李碩元最新作品。不知為何，這本書的包裝竟讓我拆得滿頭大汗，不知道為什麼會封得這麼密，不管怎麼用力，都無法赤手空拳拆開，最後只好到旁邊的飾品店去跟賣耳環的店員借剪刀。

好不容易把書拆開回到角落坐下，打算開始讀書的瞬間，又有尖銳的聲音劃破了空氣。「美熙，快過來，美熙！快過來媽媽這裡！」那聲音就像下班時間的地鐵上，母親不小心放開孩子的手之後發出的喊叫，這聲音怎麼能這麼大、這麼尖銳？不管怎麼想，我都覺得這音量實在不適合書店。

沒錯，只要美熙快回到媽媽身邊，整個狀況應該就會結束了，一定會結束的。我荒誕的期待很快漸漸令自己失望。「在熙！在熙，妳在哪裡？美熙，妳怎麼沒照顧好妹妹？在熙！」

我也好想見見在熙，只要在熙回到原位，我就可以安靜地讀一下手上這本，等等就要遞給作者本人簽名的書了，但聲音卻一直持續到我起身離開都沒有停，美熙找完找在熙，美熙也被罵，在熙也被罵。

★

拋開想靜靜讀書的想法，我再度開始逛書店，然後在3點45分時回到書店入口。簽名會場已經擠滿了人，我跟工作人員說自己是28號後往前面擠去。果不其然，剛才那兩個人早就已經來了，接著到5點簽名會開始之前，我就被迫一直聽她們兩人閒聊。

聽了之後發現，其中一人，也就是對工作人員很不滿的那個人，其實是李碩元的老書迷，而且是參加過好多次簽名會的老手。

「姐，這些人是因為書所以才喜歡李碩元嗎？還是是從姊姊的理髮廳˙開始喜歡他的？」
「不知道耶，一半一半吧？」
「姐，李碩元來了。」
「喔？他比我想像中還高耶。」
「妳以為他有多矮？」
「因為妳說他比妳矮啊。」
「比我矮的男人多的是好嗎？」
「也對，看他用帽子跟口罩把自己包得好緊。」
「他居然還是來了，明明人都不舒服。」
「他哪裡不舒服？」
「好像腳痛。」
「腳？」

我有李碩元的散文全集，從《普通的存在》之後，他就已經被我收藏在心中的書房。

*韓國的獨立樂團。

他的文章雖不流暢，但卻非常真誠、平實，令人非常投入。透過文字了解他的生活，發現我們每個人都一樣，某種程度上過著不幸的生活。因為敏感的個性，容易被當成個性不好的人，同時也因為年紀漸長，健康急速惡化。我因為想替他加油，所以才會來這裡排隊。那天發放的號碼牌超過500張，但他一個小時卻只簽大約20人，照這個速度來看，即使通宵也無法簽完，現場工作人員完全不知如何是好。

輪到我簽名時，李碩元聽到我請他寫下來的句子時大笑了一下，我沒想到他會笑成這樣。他會記得嗎？這些想為他加油的足跡把書店擠得水洩不通，因為他非常用心地對待每一個人，所以人數消化的速度很慢，而大家也在心裡安慰自己說這是他一貫的作風。他用纖弱的手指，為我寫下了這句話：

主啊，請讓我能誠心誠意地度過每一天！

—節錄自李碩元《無論什麼時候聽，都是最棒的話》

感受

彼此的時間

我是一個不能沒有車的人，看著城市漸漸被燈光渲染，我覺得自己的心似乎也染上了色彩，溫暖的、明亮的、有自信的！

早餐就是要喝英式早餐茶，或許是因為茶名的關係，才讓我想做些看似虛有其表的事，但還是不得不這麼做，即便要聽別人說閒話，我還是要喝。早餐就是要喝英式早餐茶，最剛好。

想嘗點甜頭的時候，洛神花茶是最合適的選擇，宛如鮮紅石榴一般令人垂涎，非常美味。

坐在辦公室裡獨自品嘗的茶，和週末與妻子或知心好友分享的茶，滋味真是天壤之別。比起嘴裡嚐到的味道，更重要的是跟誰一起品嘗。

踏入社會之後才明白，有些人即使整天一起待在辦公室，也完全不會對彼此造成影響。無論跟他們度過的時間有多長，回到家之後都會忘得一乾二淨，這真是不可思議。跟幾個月才見一次面的朋友一起度過的半天時光，反而令人更印象深刻。

剛成為社會新鮮人時，這真的令人十分慌張，會擔心是不是只有自己這樣，明明一起過了這麼久的時間，但卻一點都不了解彼此，煩惱著究竟是不是哪裡出了錯。

其實這並沒有錯。問了很多人之後才發現，大家都有一樣的想法，很老實的坦承週末想要見面的對象另有其人，而那短暫的時刻會帶來幸福……。

跟朋友分享的感情所帶來的餘韻，能幫助我們撐過每一個支離破碎的小時，能讓我們忍耐討厭的話語，一邊小口啜飲著茶，一邊讓它們左耳進右耳出。

那個聲音

每個人的聲音，都有各自的故事。

上課第一天，所有學生在教授的要求之下起立自我
介紹，接連聽了50多人說話，突然覺得心溫暖了起來，
這都是「聲音」帶來的效果。有些人的聲音嘹亮又有
自信，有些人卻害羞扭捏，說話全含在嘴裡，看起來有
一點可愛。

自我介紹就像把蓋在身上的棉被掀開，一瞬間我們都能看見對方肚子上的肉。

有些人肚子上的肉被陽光曬得黝黑，有些人則長著一顆一顆的黑痣，偶爾有些人身上受的傷還沒痊癒，還能看到結痂的痕跡，但也有些人的肌膚宛如雪嫩白皙的嬰兒，讓人忍不住露出微笑，這些畫面都是來自於聲音的想像。

聲音代表了人的個性，一個人是急躁、爽朗、沉著冷靜、思慮清晰、內向害羞還是俏皮有趣，都能從聲音中聽出來，聲音本身同時具備神秘與坦率兩種特質。聲音能夠真實地讓我們看見一個人未經修飾的一面，但又同時能讓我們無法意識到自己身在何方。出聲說話這件事，或許就像是畫一幅專屬於自己的畫一樣，順著細膩、敏感、專屬於個人的筆觸，我們彷彿就能看見對方隱約的輪廓。

不過我對聲音的眷戀，在不久之後便成了碎片……。

再問一件事

「喂?」

—請問是朴午下先生的手機嗎?

「對,沒錯。」

—我是首爾中央地方檢察署刑事二課的金奉浩搜查官,請問你現在方便通話嗎?

「可以,請說。」

—雖然有些冒昧,但我想請教你幾件事情。請問你知道販售二手商品的網站中古之家嗎?

「知道，我偶爾會上去買東西。」

—你有國民銀行的帳戶嗎？

「有，是我有在使用的帳戶。」

—那我就直說了，你知道目前你的國民銀行帳戶匯入了一筆51萬元的款項嗎？

「不知道，我沒有那麼多錢。」

—可能是你很久沒有使用的帳戶，根據調查結果，發現朴先生的國民銀行帳戶遭到盜用，有一筆來路不明的款項匯入了你的帳戶。

「可能吧。」

—但我們認為朴先生是受害者。中古之家詐騙集團是以名叫朴有星的人為首的五人犯罪集團，目前已經掌握到全球有140多名受害者，損失金額達1714萬元，請問你完全不清楚這件事嗎？

「對，我從來沒聽說。」

—那我希望請朴先生以受害者的身分作證，以電話形式協助調查，你同意嗎？

「好，我同意協助調查。」

—這是為了證明朴午下先生完全不清楚本次案件，更不曾參與協助犯罪的程序，請你多多配合。在開始錄音之前，有幾個問題想請教你。

「好，請說。」

—朴先生認識住在清州的朴有星先生嗎？

「不認識，我第一次聽到這個名字，但既然我們同姓，那他有可能是我母親的遠親。」

—這一年內你有去過清州嗎？

「沒有。不，等等，清州的話……，去年七月我第一次去了清州。」

—原來如此，去年5月20日時，有人從國民銀行清州佳景洞分行，分多次將總計51萬元的款項匯入你的帳戶，是由你本人親自操作的嗎？

「不是，當時我人在別的地方。」

—也就是說，這可能是朴有星先生盜用朴午下先生的帳戶，作為犯罪工具囉？

「對，有這個可能。」

—那現在要開始錄音了。一旦開始，到調查結束之前都不能掛斷電話。我要請教朴午下先生所擁有的金融帳戶清單，本調查單位無論在任何情況下都不會詢問你帳戶密碼，請你放心。這份錄音檔案未來會成為法庭上的證據，請問你理解我所說的內容，並同意錄音嗎？

「了解，你說你是首爾中央地檢署對吧？」

—對，沒錯。

「你知道我是公設辯護人嗎？」

—知道，我們已經掌握你的身分資料，所以並沒有將你歸類為嫌疑犯，而是認定為帳戶遭盜用的被害者。

「那還真是太感謝了，我再問一件事，你怎麼會知道我的手機號碼和帳戶？」

—以首爾中央地方法院發出追蹤金融帳戶命令進行調查。

「原來如此，那現在你調查了幾個被害人？」

—已經差不多一半了。

「好，辛苦了，所有被害人調查都是透過電話進行嗎？」

—對，因為都是證人，所以不需要強制傳喚，大部分的人都是上班族，所以並沒有請他們來地檢署。

「真是辛苦呢，最後我再問一件事。你是用手機打給我的，請問你在中央地檢署的電話是幾號？我想確認一些事情。」

—是530-3114。

「好，我現在在辦公室，這通電話先不掛斷，我用辦公室的電話打過去，請稍等。」

—嘟、嘟、嘟、嘟。

「喂?」

★

這起事件之後,我突然覺得絕對不能用聲音來評價一個人。打電話來的男性聲音聽起來有些急促卻又不失穩重,該說他是對自己做的事很有信心嗎?讓人感覺他覺得這件事很有價值,而且肩負著使命感,所以我才會突然有一種應該要繼續這通電話的感覺,仔細想想這都是一些荒謬的推論。

對方引導對話的技巧也很好,難道是受過高強度的訓練嗎?還是平時就已經精通這些技巧,狡猾得像蛇一樣,無論面對什麼事情都能應付呢?雖然我也很鎮定,用簡短的回應回答他,同時思考該如何應對,但一不小心就要被他騙了。我突然想起大學教授跟現任法官,都曾經被電話詐騙的新聞。

敏感在這時候特別有用。我每年都會查閱金融電信結算機構的報告，確認自己名下的銀行帳戶有幾個，並且將這些資訊筆記下來每年更新。如果有今年的新定存，就一定會記錄在相關的筆記本上。根據筆記本上的資訊，我手上並沒有擁有這麼多金額的帳戶，而且還是長期未使用的帳戶，怎麼可能？

這種細心是我的專利，我不可能被騙。對方可能會覺得自己就是能騙到別人的錢，但即使是檢察署長親自打電話來給我，我也絕對不可能會上當。沒有的事情就是沒有，更何況我不管到哪，都是公認不可小看的人士。

通話時間一久我就想說：你發現了連我都不知道的錢呢，那就請盡量拿去用吧，但記得要打我的統編，你應該知道我的統編吧？

你的

信

社區公車內。

「哎呀，這不是我們最寶貝的秀晶嗎?」

抬起頭一看，是一位中年男子對坐在我旁邊的學生
伸手要跟她握手。

「您好，您過得好嗎?」

「嗯，抱歉我經常跑外縣市，所以沒辦法多照顧妳，妳過得好嗎？」

「我很好，也經常跟敏京見面。」

「敏京真的不需要我多擔心，她這次英文考試又拿了100分呢。」

「對啊，敏京真的很聰明，人也很好。」

是房東跟房客嗎？真是好奇他們的關係。

「敏書還是很愛惹事，很不順我的心。」

「敏書現在是國二吧？」

「對。」

「……敏書應該也經常覺得自己不順自己的心吧。」

嗯？這句話撼動了我的心，於是我更專注地聽下去。

「我一年中有八個月都在外縣市，所以跟她相處起來總有些困難。」

「阿姨也都待在外縣市嗎？」

「不，我們家沒有媽媽啊。」

我抬起頭來看著那個人的臉，看見他雖然嘴角微微上揚，但笑容卻帶著一點憂傷，那是個有些勉強的微笑，表情既不誇張也不勉強，絲毫不虛偽，但卻也沒有期待。

「什麼？」
「我們家已經沒有媽媽很久了。」
「是喔……。」

我不得不逼自己低下頭，而那位學生則看向別的地方。

「那……姑姑應該還住在附近吧？」
「對，至少姑姑可以幫忙她們，但她最近都不去教會了，說跟我去同一間教會，常常會聽到讓自己不開心的話，所以她不想去。」
「為什麼？」

「畢竟要照顧沒有媽媽的孩子，還是容易被說閒話吧。」

「會慢慢好轉的，敏京很懂事、很乖，我們也會多多幫忙。」

「好，其實敏京是支撐我活下去的動力。」

聽著他們的對話，總讓我覺得有些心酸，實在無法繼續坐在那聽下去，我開始坐立難安，也刻意轉頭盯著窗外。那是個寒冷又漆黑的夜晚，從窗戶縫隙間流入車內的夜晚空氣十分不尋常，夜晚的味道聞起來格外刺鼻，那位學生開朗又有智慧的語氣，聽起來充滿了熱情。

「敏書以後也會慢慢變好的！畢竟她姊姊這麼棒！」

「對啊，一定會的。我要在這邊先下車了，回家小心。」

「好，祝您順心。」

會……順心嗎？至少希望他今天能夠順心。雖然想說
「如果有需要幫忙的地方可以找我」，但卻說不出口。
就連想和對方說句鼓勵的話，似乎都無法隨我的心意。
我稍微想像了一下沒有媽媽的世界，「因為神不可能存
在於所有地方，所以才會創造媽媽」這種話，也無法
帶給敏書任何安慰呢。雖然很想去摸摸敏書的頭，但我
卻做不到，我能做的就只有這樣獨坐在這思考而已，
真是個令人無力的夜晚。

奶奶去世之後，我曾經回到故鄉探望父母。那天我一如
既往地牽著母親的手在海邊散步，但偏偏就在那天，
我聽見了走在一旁的父親的真實心聲。

「兒子，你還有媽媽真好，我已經沒有媽媽了。」

是因為深知爸爸有多愛奶奶，所以才會有這種想法嗎？當時我心中感到一陣酸楚，不自覺地將母親的手握得更緊。南海耀眼的波光是多麼美麗……。我靜靜地望著父親的背影，好一陣子一句話也沒說。失去母親的悲傷無法忖度，在了解這種悲傷的那一天，敏書是不是也曾經有過這樣的想法？走在路上看見有人在和母親耍賴撒嬌時，她會突然停下腳步嗎？會想「真羨慕，我都沒有媽媽……」嗎？

社區公車順著蜿蜒的道路行經社區的每個角落，而我仍坐在原位，不知該拿這悲傷的心情如何是好，我彷彿能聽見身旁學生的悄悄話：
「真悲傷，叔叔是個這麼悲傷的人嗎？」
我無法回答這個問題。

我心裡覺得很悲傷，但卻說不出任何一句話，只擁抱那顆美麗的心，在不被任何人看見、沒有任何人知道的情況下，用心緊緊擁抱他。

我也有

個性

「那個人個性不好，你也遇過，應該知道吧?」
我其實個性也不算太好啊⋯⋯。

「他喔?他很有個性，你不知道嗎?」
我也有個性，只是因為現在在辦公室所以裝乖而已，我
根本就是個神○病。

我在心中自言自語，我並不是想要偏袒那些被罵的人，
只是不知道自己有沒有資格指責他人而已。

實在無法輕易說出「沒錯，他是有點那個」，或是「對啊，看他眼神就知道，不是開玩笑的。」我真的無法隨便說出那些沒人真正放在心上，大家都只是左耳進右耳出的話，很擔心這些話到最後都會回到我自己身上來。

不回頭的人

我碰了碰K哥的左肩。

我正義無反顧地上山，意圖吸收滿滿的芬多精，眼前看到熟悉的背影，正是住在同一棟大樓的K哥。

跟K哥認識已經八年多了，因為不到摯交的程度，所以大聲喊他的名字其實會有點不好意思，應該要趁他回頭時露出一個大大的笑容，讓他嚇一跳才對。

沒想到就這樣走了20分鐘，變成我一直跟在他後頭的尷尬情景，因為K哥一直不回頭。

山路上放有椅子的地方，處處都有大叔大嬸三三兩兩地坐著，還擺了滿桌的馬格利、甜柿跟橘子，以及各式各樣的年糕。

喝一杯馬格利配一眼風景、一顆橘子配一個玩笑，他們就這麼盡情地享受午後慵懶的陽光，而一旁的我與K哥就這麼頭也不回地走著。

我一邊擦著額頭上的汗珠一邊向前走，K哥中途為了找口袋裡的東西而停下來兩、三次，正當我覺得他終於要回頭時，他卻只是把手機拿出來，並沒有看向我。

K哥的肢體動作看起來就像揹著背包，雖然他根本沒有揹背包上山，但看起來卻像背著沉重的行李。

✦

「向前、向前、向前，地球是圓的，只要繼續走下去，就能夠見到全世界的小朋友。」

仔細想想，我走路的時候也不會回頭看。本來就有意識到自己好像是這樣，但實際上親眼看到另外一個人走路一直不回頭的樣子，感覺真的有些奇妙。

我們究竟為什麼都只看著前面呢？是因為必須比別人更快抵達某個地方嗎？如果暫時停下來回頭，會有很多讓人忍不住皺眉的事嗎？我們所遺失的事物、被汗水與淚水帶走的垃圾，以及我們鬆手放開的那些、青澀的年少歲月裡親手寫下的決心與約定，我們頭也不回地前進的同時，究竟冷酷地甩開了什麼？

＊

不知從何時起，K哥側身停下來時，我就會停下腳步，害怕被他眼角餘光掃到，還會刻意躲起來不讓他看見。我會趁這個時候觀察樹葉、看看天空，回顧一下身後曾走過的路。感覺有些虛幻。我始終找不到開口搭話的時機，接著我們遇到一個岔路，K哥往右邊走去，而我選擇踏上左邊的路。

到了放學時間，辦公室附近的國高中前面，就會出現一整排進口車。或許是因為這裡是個以高房價聞名的社區，又或許是因為這裡的家長都很熱衷教育……，看著那幅光景，我回想起以前的事情。

＊

5648。小時候我父親開的車車牌是5648。

那台掛著營業用黃色車牌的藍色小貨卡很顯眼，遠遠就能看見。雖然我通常都是走路上學，但偶爾還是不得不搭父親的車，或許是因為非常喜歡跟同學們邊聊天邊上學的時光，所以搭卡車上學偶爾讓我感覺有些羞愧，該說是年幼的心靈受到傷害嗎？也因此我甚至好幾次找理由要在離學校比較遠的地方下車。

就跟大多數人的父親一樣，我父親的人生也很坎坷，而跟這樣的他相遇之後結婚的母親，人生自然跟著很不順遂，當時就是那樣的年代。

看見母親發麻的手以及父親滿是血絲的眼白，我開始漸漸了解到何謂悲傷。

父親一輩子像頭牛一樣辛勤工作，雖然他偶爾會搞笑地說「我就是長工」，但即便當時我年紀小，仍經常覺得父親的身世實在很淒涼。「我不屬於我，兒子，你知道我的意思嗎？」當時那句令人不解的話，現在我好像漸漸能明白了。

如果能夠再次回到那個時候，我能夠以父親的卡車為傲嗎？在年幼的我眼中，究竟是什麼令我感到羞愧？是因為討厭父親的職業與經濟能力，就代表我的水準、我的潛力的那種感受嗎？當時的我是否在心裡大喊：父親是父親，我是我，我活著截然不同的人生？

★

國中時，父親告知全家人說他要離開家。我們問他為什麼，他說母親、姊姊和我三個人排擠他，其他的內容我都不記得了，只記得因為被排擠而洩氣，不，應該說是因為被排擠而氣憤難平的雙眼，而那段回憶依然深深影響著我。

兒時母親就是我的太陽，她總是愛護我、總是很溫柔。相對的，父親就像腳底踩的土地那樣不在我的世界裡，很簡樸卻也很飄渺，必須仔細注意才能感受到他的存在。

自然地，我和母親的關係比和父親親近許多。

父親說要離家的那番話是真心的嗎？我至今仍未能對這個問題採取任何行動。當時父親是否沒有從我們身上、沒有從我身上獲得足夠的愛？他是否知道我因他的卡車、因他不體面的工作感到羞愧？他是否一邊獨自嘆氣，一邊看著妻子與兒女自顧自地開心聊天？

★

「兒子，你不能過得像爸這樣。」
「其他的事情我不管，但就是不能像我這樣，答應我不會過得跟我一樣。」

我彷彿仍能聽見父親懇切的祈禱。

請愛讀詩

出門時，我一定會帶一本詩集。詩集很輕巧，放進背包裡也不會增加太多重量，即使意外多出一點時間也不需要慌張，只要有詩集就覺得很踏實，無論在哪都能輕鬆打發一、兩個小時的空檔。無論是在地鐵站的會面廣場、胡亂闖入的麥當勞二樓窗邊座位，都無所謂。如果還有鉛筆和筆記本，那可真是如魚得水，可以將隨著詩句浮現的想法記錄下來，偶爾還能觀察人群。

有時候甚至會感激那段時光，因為那是平時想有也無法擁有的悠閒。

去旅行時也一樣。整理行李時，沒有詩集就會覺得有些空虛，在陌生景點閱讀詩集，別有一番風味，那些令人摸不著頭緒的詩句，不知不覺間也都有了解答。在柳樹下欣賞湖邊風光，能夠縮短我與詩的距離，不可思議的旅行與詩的相遇，是令人愉快的遭遇。

＊

曾有人問我「你為什麼喜歡詩？」我想，即使用「與詩拉近距離的習慣，是一種對文字的中毒」這種表現方式，也無法輕易說明那樣的感受。我就是喜歡詩。靜靜坐著讀詩，會覺得那段時光真的很美好，但如果你問「這對生活有幫助嗎？」我也不太清楚……，實在不知道該怎麼回答。如果是會問這種問題的人，我想我應該也不會跟他有太多來往，所以我決定不去在意這個問題。

詩會令人心癢，詩中沒有令人頭痛的問題，更沒有既成世代強迫人們接受的人生標準答案。詩可以逃避現實，也是對一致性最明確的反抗。小時候，我們都在素描本上畫了些什麼？大家都畫一樣的東西嗎？我總是透過讀詩尋找這個問題的解答。那裡有例外、有意外、有荒誕，也寄宿著一些傳統。

★

睡前30分鐘，我會遠離所有電子產品。我會把筆記型電腦、電視、手機放得遠遠的再進寢室，蓋上被子躺在床上讀詩。我會努力忍著回顧那天發生的事、思考明天要做的事，因為不想連躺在床上時，都還要思考那些令人頭痛的現實。放鬆身體、縮起肩膀之後，我會靠在床邊坐下，一邊讀詩一邊窺探自己的內心，從不同角度觀察，將糾結的情緒團塊拆解開來。

這時，內心深處的陰暗角落也會短暫地照到陽光。翻開詩集時，我的心也會跟著舒展，讓光線能夠進入任何一個角落。

非常重要的人

偶爾他人的痛苦會完整地傳達給我，那份痛苦強烈到我彷彿身歷其境，令我忍不住採取行動。若不採取行動，我便會成為自己心中的罪人，想著「為什麼不幫忙？怎麼能假裝不知情？」

「我姊得了白血病。」

K低頭看著餐桌，劈頭就說出這句話，我瞬間全身
僵硬，心臟跳個不停。

「她還好嗎?」

「醫生說只有一個方法。」

「是什麼?」

「她要接受造血母細胞捐贈才能活下來。」

「什麼?」

「以前都叫骨髓移植，必須要找到跟她配對成功的人
才能接受移植，但要找到能成功配對的人比登天還難，
韓國的捐贈者很少，所以幾乎不可能找到合適的捐贈
對象。」

後來我去大韓紅十字會表達想捐贈的意願，但K的姊姊
跟我基因配對並沒有成功。

之後又過了四年，某天天主教造血母細胞銀行跟我
聯絡，說出現了跟我的基因部分一致的患者。

造血母細胞是製造血液的母親細胞，兄弟姊妹有百分之25的機率配對成功，父母親則是低於百分之5，陌生人則是千分之一，甚至萬分之一的機率才可能配對成功、進行移植。病患的家屬只能心神不寧的等著奇蹟發生，而那樣的奇蹟竟來到我身邊考驗我。

當時我每天都會記錄自己讀書的時間，是個不停精進自我的考生。如果要捐贈，就必須住院三天兩夜，捐贈之後會有一段時間無法拚盡全力讀書。我花了一天思考這件事，想起那些曾經與我結緣的人當中，有一些太快離開這個世界的朋友，也覺得並不會因為不能讀書就危及性命，這輩子很少有機會能透過細胞移植拯救另一個人的生命。下定決心之後，我捐贈的意願十分明確，既然能夠幫忙那我願意幫忙，否則未來幾年我絕對會被罪惡感困擾。「有一個人因你而死，都因為你袖手旁觀，你明明可以幫忙的，不是嗎？」

★

正式捐贈一個多月前，我接受了精密的檢查。捐贈前四天，每天都要施打白血球催生針，有一位護士每天都特地到學校來協助我。

我們坐在閱覽室走廊的角落打針，行經走廊的同學都在偷看我，感覺他們似乎在說「那傢伙是不是熬夜讀書，現在在打葡萄糖啊？」於是我放下手邊的書準備好好休息，開始讀起總共有十集的小說，小說就是要找機會一口氣讀完才過癮。

捐贈前一天，我住進首爾大學醫院的特別病房，當時隔壁病房住的是前總統和某大企業的總裁。因為是在做好事，也因為這種經驗真的很特別，使得我並沒有特別緊張。是因為我要做的事情很重要，所以才讓我住進難以預約的首爾大學醫院特別病房嗎？那一刻，我在自己與他人心中都是重要的貴賓，醫院一天會多次來確認我的狀態，如果再多住幾天，我大概真的會以為自己是了不起的人物，因為大家對我真的太好。

捐贈當天，為了分離出造血母細胞，我大約做了五小時的分離術捐血。就像在做血小板捐贈時一樣，我一直覺得口很渴，但不到無法忍耐的程度，我一直告訴自己這是在救人。

活到現在，雖然經常傷害別人的心，但卻從來不曾拯救過別人，所以我一方面也想趁機還債。這就像一種迷信，覺得要是這個人活下來了，那我對其他人所犯下的錯誤也會消失，我是這樣想的。

K的姊姊最後好不容易接受了細胞移植手術，現在非常健康。

皇室家族的

暴飲暴食

他的父親從事什麼行業?

總有人會沒頭沒腦地突然冒出一句話。到底為什麼要好奇這種事?如果對方父親已經去世要怎麼辦?

會先問他人父母職業的人,十之八九都是想要炫耀自己。一副「你手上有什麼牌?先亮出來看看吧?」的態度,甚至還有些人嘴角會掛著嘲諷的微笑。我也曾經因為跟父母有關的話題實在聊太久,差點反問對方:「所以呢?除了你是他的小孩之外,你本人是怎樣的人?我們現在難道是在參加天下第一父親大會嗎?」

＊

為什麼大家都這麼富有？我認為財富的世襲制度已經結束了，學歷的世襲與不動產管理，都讓大家變得更容易囤積財富。

我有不少同學都是國會議員的兒子，甚至還有檢察長的兒子、大法官的兒子。這還是只說父親的情況，如果把爺爺、伯父等一家人的資歷全部攤開來看，就會發現他們真的是來自名門世家。

當然，也有一些人是魚躍龍門，但這樣的人真的少之又少，就像大家不會在乎一片花田裡的野草一樣，這些人也只能孤芳自賞。

有一次，我跟一位知名醫學院畢業的醫生一起吃飯。

「我岳父是牙科醫生，叔叔是韓醫生……，老婆是我系上的學妹。」

還有嗎?這真是個醫生世家啊。

後來我提到自己結婚時，為了婚後的房子，去申請「支柱房屋押金貸款」的事，對方突然皺起眉頭。

「支柱?」

「對，就是國家提供的貸款。」

「是喔?利息很低嗎?」

「當然，是市面上所有貸款中利息最低的。」

「應該不是隨便誰都能貸吧?」

「審核過程很複雜，通常都會看收入水準這些資料，像我才剛開始賺錢，怎麼可能有錢去買房子?當然是要貸款付押金啊。」

「也對，窮人真的很辛苦。」

「什麼?」

我想對坐在我對面，認真用湯匙翻著泡菜鍋的他說一句真心話:

「你多吃點吧，就好好挑你想吃的吧。想吃多少就吃多少、想拿多少就拿多少，要是覺得自己好像暴飲暴食，那記得先告訴我。」

暴飲暴食在英文裡可以拆成「over」與「eat」，這個字的組成跟意思真的讓人一目瞭然呢。

唉唷，

我
的
頭
啊

太太說：「下星期一整個星期都是無頭節!」

無頭節?好久沒聽到這個東西了。話說回來，過去在公司一直被人管的我，不知不覺間也成了一個部門的主管了。無頭節的時候，那個「頭」就是我，天啊，我竟然是頭了?媽啊!!

突然有點好奇，我們辦公室會辦無頭節嗎?

基本上我很尊重個人自由跟私生活(換句話說,就是非常喜歡一個人獨處),所以不太會跟下屬聊工作以外的事,也或許是因為這樣,下屬有時候甚至不知道我人在不在公司。

叩叩。
「請進。」
「室長,您在辦公室啊?我以為您不在⋯⋯。」

這種事經常發生。
我一直很希望自己過著讓人感覺不到存在的生活,幸好非常成功,雖然偶爾會跟下屬一起吃點午餐什麼的,但我從來沒提議過晚上聚餐。
我嚴格區分工作與生活,下班對我來說就是解放,我絕對不會放棄有晚上的人生。至於下屬呢?偶爾下午邊喝紅茶邊聊天的時候,會聽到他們說好久沒有跟人大聊特聊了,真的很開心。

★

安伯托•艾可擁有符號學家、美學家、語言學家、哲學家、小說家……等眾多頭銜，有天記者問他：

「您能在這麼多個領域發揮才能的秘訣究竟是什麼？」

他思考了一下，回答說：「堅決地漠不關心。」

小時候看到這則跟艾可有關的軼事，對我造成很大的影響。跟豐富的好奇心、從不退縮的熱情、與眾不同的精力這種老套的回答不同，這樣的答案甚至令我感到興奮。我大聲歡呼：「對！就是這樣！」

艾可說自己完全不關注沒興趣的事情，而且這對精神健康有絕對的幫助。

以我的情況來說，他人的日常生活就屬於這一類的事情。我不想一直去挖別人的私生活、隨便對別人提出意見、管別人的閒事。

而且我也對那些事沒興趣，最重要的是我並不好奇。

「怎麼能這樣?這世界上又不是只有你一個人!」

我也不知道……，我搔了搔頭。雖然我沒有很贊同，但這句話也並不能說錯，不知道該怎麼形容我的感覺，總之每個人都是孤單的。
在深究自己究竟是怎樣的人之前，就開始跟別人來往的話，不就像是隨風搖曳的蘆葦嗎?不過其實每個人都很渴望擁有完全屬於自己的時間吧?

「真的好煩，能不能不要來管我?」
「部長瘋了嗎?都不做事一直走來走去，現在是要來監視我們有沒有好好做事嗎?」
「老天爺啊，拜託請允許我有五天的時間能待在家裡，求求祢了!」

我們獨處時都十分平靜，就像在平靜的水面下潛水一樣，有時候會舒適地靠坐在椅子上回顧昨天，有時候會問問自己是否安好，並想著這似乎就是幸福。當他人在意外的瞬間突然出現，以一句「喂，你在幹嘛」為你的世界掀起一震巨浪，雖然你氣喘吁吁地意圖爬起來看清楚現況，但卻因為海象太過凶猛而再度被壓了下去。

「嗯？你說什麼？」

「什麼什麼？還不快做事！」

魂飛魄散的你，只能打起精神來重整坐姿。

真希望我們辦公室不會發生這種事。

也希望不要有無頭節，絕對不要。

察言觀色遊戲，

開始！

　　一天，幾個人聚在一起的聚餐場合，這一桌坐了三人，那一桌坐了四人，就這樣七人一起坐了下來。

　　當大家都坐下後，有一個人便開口：

　　「大家有看昨天的新聞吧？下雨天開車真的要小心，尤其是住比較遠的朴次長。」

　　一開始除了說話的人以外，其他六人都很用心在聽，還看著說話的人，坐姿微微向前傾，打算展開一場七人你來我往的對話。

大家很快發現這些不需要太認真的話好像沒有要結束的意思，於是坐在最後面的兩人便小小聲地開始兩人的對話：

「上次那個怎麼樣了？」
「什麼？」
「就那個啊，隔壁組的A跟B課長不是槓上了嗎？」
「那個喔，你還不知道嗎？」

新的對話一展開，旁邊的人就開始猶豫了，一直觀察到底是該加入這邊的對話，還是該繼續留在剛才的對話裡，還是乾脆不管那麼多，自己也跟旁邊的人聊點別的。讓我們來依照這個人的個性，推測看看一直在觀察氣氛的他會做出什麼決定吧。

如果他是一個善於社交、而且相當外向的人會怎麼樣呢？他肯定很快會跟自己旁邊或對面的人開始說話。

說不定他會同時跟兩邊聊一些無關緊要的事情，絲毫不在意那種無法真正融入其中的疏離感，他很快會找到自己的出路。

如果他是一個敏感又謹慎的人呢？那麼他靜靜坐著聽人說話的機率就很高。他不會加入任何一邊，只會呆呆地坐著，其實其他人的對話也沒有進入他的耳裡。他就只是偶爾點頭，看著大家的臉努力撐過這段時間而已，甚至心想：「等食物上桌大家就會安靜下來了，整天都在講話嘴不痠嗎？啊，李代理的鼻毛跑出來了！」

我們很容易察覺到流淌在人與人之間微妙的氣氛變化，當然就連不小心探出頭來的鼻毛也都能立即發現，但那只是為這觀察遊戲增添一點樂趣而已。觀察對話的流動、人群的反應與回應，辨別什麼時候該加入、什麼時候該退出。我們不會完全加入對話，而是會退一步仔細觀察眼前的情況。

看見比我們更遠離對話的人時，就會跑去跟那個人搭話。會夾起桌上的雞蛋捲，問說：「你知道雞蛋編號的最後一位數代表什麼嗎？」或是單刀直入地問：「很無聊吧？」說完也不會忘記補上一句：「因為我也覺得蠻無聊的。」

每次開會的時候，都會有一些低著頭，顧著拿筆把每個字的空白塗滿的人……，老實說他們的樣子看起來真的很有趣。

你這樣成天只會工作，

會變成笨蛋

洗乾淨的大體放在手術台上，每個部位拍好照片之後，就會開始驗屍。首先會在身體正面劃下直直的一刀，接著用鉗子把肋骨夾碎，將肺臟、肝臟、心臟、腎臟等主要臟器拿出來，接著拿出大腦，隨意將頭髮剪下之後，再將頭皮剝開，用鋸子把包覆大腦的堅硬頭蓋骨鋸開。

我去觀摩了驗屍的過程。

走進見習生觀摩室，越過玻璃窗觀看忙碌的驗屍過程，進來之前的緊張感竟消失得無影無蹤，這一切看起來都像例行公事。

驗屍通常是一名法醫、兩名偵查員、一名攝影師，這樣四人一組行動。那天，隸屬警察單位的新任驗屍官們前來實習，驗屍間一下子湧入十幾個人，眾人的手腳一下子忙碌了起來。

有人忙著切開、敲碎，有人忙著把看到的東西抄寫下來，原本流暢的工作流程漸漸變調，眾人忙得不可開交。

大體共有十一具。屍體其實就像啞彈，有些沒有發射出去，有些則是已發射但卻沒有爆開來，同時也像一首流暢的歌曲，屍體的臉孔看上去相當平靜。

＊

20歲出頭時閱讀的自我啟發書裡，經常會出現這樣一句話：

若感到人生了無生趣，那就在清晨四點起床去水產市場；如果不明白人生的目的為何，那就到醫院附設的告別式會場去；瞬間對一切都感到空虛時，就到新生兒室去聽聽嬰兒的哭聲。

不過幾天前還充滿七情六慾的人，卻失去了人類延續生命所不可或缺的呼吸，看著那被剝個精光躺在手術台上的樣子，任誰都會感到衝擊，都會產生許多思考。

不過這天更令我印象深刻的，是與指導檢察官的對話。身材魁梧的檢察官表示驗屍室太小，要我們到走廊盡頭的錄影室觀看，他的背影有些陰沉，那時他用有些發紅的雙眼看著自己的鼻尖，小小聲地說，自己從來沒有在午夜之前回家過，被逮捕歸案的嫌疑犯都只會胡說八道，讓他真的非常疲憊。他的臉上帶著虛弱的微笑，還說要是他不小心跟錯誤的人一起吃飯，很可能就會導致謠言四起。我看著他空虛的側臉，聽他嘴裡唸著這個世界究竟有多麼可怕。

他的殘影，提醒了還在思考死亡與生命的我，我們所生活的這個世界，實在沒有空間讓我們因吃飽太閒而去傷春悲秋。我感覺自己就像在為檢察官這個工作驗屍，他的死與生，就像在夜間的小路上，不斷閃爍的老舊路燈。

我不斷想起電影〈鬼店〉裡的一句台詞：

「All work and no play makes jack a dull boy.」
你這樣成天只會工作，會變成笨蛋。

對上眼了。

那是我以實習生的身分，前往首爾中央地檢署上班時發生的事。

因為是法院的休庭期間，所以整棟建築物感覺有些悠閒，唯有四樓是另一種氣氛。四處都是穿著囚服的人，以及看守他們的警察。

建築物本身已經30年了，訊問室的環境自然也很惡劣。

首爾中央地檢署是韓國最大、最重要的地檢署，共有150多位檢察官、600多位偵查員，總計有2000多人在此工作。由於員工人數本來就多，所以只靠穿著很難辨別誰是檢察官、誰是一般人。或許是因為這樣，所以指導我的檢察官特別注意我們的儀態。因為每個人的服裝、步伐、說話的聲音，都代表檢察官的形象。

我在刑事部的走廊上偷看敞開的審訊室，並盡可能地讓自己看起來像地檢署的新員工。接著就在某間審訊室的門前跟他們對上眼，其中一個是臉孔黝黑、留著滿臉鬍子的中年男子，另一個則是調查這個人的年輕偵查員。他有著銳利的眉眼、戴著一副金屬鏡框，穿著經過熨燙的白色襯衫，不斷敲打著電腦鍵盤。那兩個人也瞬間回頭看我。

★

眼神跟人的長相，是否能承載一個人的人生？或只是代表了此刻我的處境與情緒？在那兩人的眼中，我看起來究竟像什麼人？實在無法推測。那位偵查員的人生，是否未曾沾染過任何髒汙？我默默陷入思考時，只顧著盯著自己的腳尖，回過神來才發現已經走到走廊的盡頭。

我想起畫家奧迪隆·雷東。雷東總把人類的瞳孔畫得十分奇特，某天他突然開始畫起美麗的花瓶。過去總是陰沉、憂鬱的他，畫作突然變得充滿色彩與光芒，這兩者間的差異之大，實在令人茫然。接著我又想起那兩人，雖然他們近在咫尺，但兩人的距離卻很遙遠，看起來陌生且疏遠。那樣的茫然向我湧來，將我壓得喘不過氣。我也曾體驗過兩種不同的人生、各自的可能性。曾經跟我一起熬夜、分享夢想的朋友Y，因為瞬間錯誤的選擇被判刑，學生時期的好友H則因賭博而被地下錢莊的流氓追債。

令人墜入無底深淵的岔路與平坦的康莊大道總是銜接在一起，就像要成為調查的人還是被調查的人一樣。這樣的感受不斷深入我的內心，我必須逃離這種感受。

你的

日記 2

星期日

去參加了一場周歲宴。現場主持人請幾個人起立，要他
們向當天的主角說句好話。被指名的人不得已只好開口
說了幾句話：

「要成為像我這樣的人才。」
「要好好聽父母的話，要像現在一樣健康成長。」

「好吃好睡好好長大!」

活動結束之後,大家各自拿了餐點去吃,這時我的腦中不斷地想,如果是我被點名,我能夠說出什麼話呢?

「好像什麼都說不出口⋯⋯。」
「要在一、兩句話內就結束,好像沒辦法說什麼多厲害的話。」
「又沒人要我說厲害的話,不管是一句話還是一小時的演講,都要表達出自我。」
「偶爾就是只能說一些很老套的話。」

接著我想起以前讀過的一本書的書名,叫做《給新生兒的禱告》。
「孩子啊,希望你能勇敢。」
讀這句話時會覺得很感動,但用嘴說出來卻覺得很尷尬,而在這種場合沒頭沒腦地說出「勇敢一點啊!」好像也太突兀。

我到底為什麼要自己在這邊想東想西？就像別人一樣，簡單說句要健康再坐下就好啦。

星期一

快要輪到我上台發表，我的心跳開始加速，我不自覺地開始摸起自動鉛筆。這該稱為心悸症嗎？我摀著噗通、噗通跳著的心臟，一邊哼歌試圖撐過這個狀況，但反而更難過。

其實我們每個星期都會舉辦新生訓練，現在我也可以毫不怯場的站上台，但偶爾還是會莫名地心跳加速，讓我想像一隻逃離人類的貓一樣迅速離開現場。

尤其發現快要輪到我上台時，這種情況就更是明顯。學生時期點名時也是，名字依照子音順序排列，直直地朝我衝來。金哲秀，有、羅英熙，有、朴敏敬，有、朴午下，有!

話說出口之後，我總是同時感到舒暢與惋惜。獨自坐在一旁心想「明明可以更條理分明、更流暢的⋯⋯下次一定要更簡潔俐落。」

明明就不會有人記得，不管我有沒有演講到一半突然開始跳舞，還是下台的時候不小心跌倒，都只是一時的。

星期二

「您選擇的暱稱已有人使用。」

每次要取網站用的暱稱時，都會讓人很苦惱。無論是加入網路社團，還是以工作坊的名義前往某個研習，要為自己製作名牌時。

究竟是想要我們透過這種方式放下自己平時的形象，還是只是帶團康活動的講師們約定成俗的習慣，不管到哪都要取暱稱，這真的是我的弱點……。

沒辦法隨便亂填，但也不可能執著於某一個暱稱，尤其網路社團更是這樣，順口的名字都已經被人取走了。

帳號也是一樣。不可能每次要加入網站都換一個帳號，所以需要一個屬於我的固定帳號。小時候註冊Buddy Buddy、Cyworld、NateON這些網站時，都會用英文名字加上1004，或是取一個很漂亮但並沒有什麼特殊意義的奇特名字。

「沒有T的清澈」、「抱歉我愛你」、「高傲的什麼什麼」、「眨眼開聊」這些名字，現在回想起來……，幸好這些都已經過去了。

星期三

我用了休假，沒什麼特別的事，只是因為年假還剩很多，所以就想請假。

漫無目的的休息讓人很開心，可以不必忙進忙出，非常悠閒。我播了「9與數字們」的歌來聽，一個人享受讀書、喝茶的時光。「9」是他們新出的專輯，聽著他們的歌，就好像在讀一首詩。

這次休假我買了很多書，大概有八本吧？這是第一次一口氣買這麼多本書，不過也不過1000多塊而已，雖然是二手書，但也太便宜了吧？用這麼便宜的價格買這些好書真的可以嗎？但我一方面也因為買得這麼便宜而滿足。買到了很難找的書，畢竟是二手書，原來的主人說什麼就是什麼。

不過想到這裡，又突然覺得我很不要臉。學生時期因為沒錢，總是跑去圖書館借書，現在則因為賺的不多而常跑二手書店，然後還隨便亂休假，讓工作中的太太氣得火冒三丈……，啊，真是太悠閒了。

星期四

我去了咖啡廳，然後去了一趟洗手間，發現門是關著的。這時我該做的事情是什麼？想也不想地就握住門把闖進去嗎？噹！不對。應該停下腳步，用心聽一下。如果沒聽見聲音就先敲門，叩叩、叩叩叩，然後往裡面問「有人在裡面嗎？」無論裡面有沒有人，都應該先敲門。粗魯地開門闖進去，很可能會看見陌生人正擺出令人感到為難的尷尬姿勢。在廁所門前，人人都應該先敲敲門然後等一下，沒聽見聲音的話才能帶著「果然沒人」的心情開門進去。花點時間觀察一下環境，是為了因應裡面可能有人的狀況，即使有點麻煩，也一定要這麼做。

星期五

久違地來到首爾，和太太一起在西橋洞的餐廳Camillo Lasagneria吃晚餐，感覺好超現實，彷彿身處義大利北部村子角落裡的餐廳，雖然我不曾去過義大利，但相信感覺應該是一樣的。

橘黃的燈光、廚師就在眼前奔走的忙碌、恰如其分的親切，再加上絕頂美味的餐點。

千層麵給我的第一印象很像蘋果派，都是四方形且一層一層堆疊起來的食物，一直盤旋在腦海中的「那是義大利麵？應該是超大的美式鹹派吧？」疑問，也在咬下第一口之後立刻煙消雲散。瞬間我只覺得「就是這個！這就是北義的滋味！」用絞肉與番茄熬煮而成的義式肉醬很開胃，利用刨絲板刨成細絲後撒在千層麵上的起司隨著熱氣舞動，像舞者一樣引人注目。

「今天我們準備的酒是南非產的紅酒。」透明高腳杯裡閃耀的紅酒色澤，緩緩地讓我的心跟著熱了起來。我下意識地脫口說出：「好幸福……。」這種感到滿足的時刻，總是令我束手無策，只能在無防備的狀態下迎接它的到來。

我突然意識到「為他人的晚餐負責這件事，真的非常了不起。」我向站在店門口，用銳利的眼神查看餐廳內外的主廚點了個頭，真的很感謝你的料理。

接下來的行程是東橋路的咖啡廳Quench Coffee。那是一個不鋪張、不顯眼的地方，從外頭看過去就像一座小小的閣樓，很適合靜靜坐著觀察人群。跟常客分享今天一天的生活、互相問候的男咖啡師，說話總是謹守本分不逾越、急忙走到門外去餵街貓的女咖啡師，行為舉止都很溫柔，再加上黑褐色的收納櫃，以及擺滿整片牆的茶杯，每一個元素都讓人感到安心。

「真希望家門口能有這種地方，這樣就能常來了……。」走在熱鬧的街頭上，必須讓自己隱身在人群裡的時候，總會令人感到焦躁不安，就像被什麼追趕一樣，讓人只想立刻逃離現場。

而Quench Coffee這種地方，則擁有就算是自己一個人前來，也能讓人坐上好幾個小時的魅力，在這裡總感覺時間走得非常慢，沒有人趕時間，也沒有人催促。

而這裡的咖啡也和店長很像，店長總是和藹地與人攀談，看起來很隨和的他，其實有自己的步調。每當有多位客人一次湧入、必須處理大量點單的時候，他也不疾不徐地應對。他總是能夠用自己的步調，量好固定份量的咖啡豆，然後再慢慢地加入熱水泡出一杯咖啡。他似乎非常清楚，無論再怎麼忙碌也不能亂了步調。雖然我一直都知道這個道理，但卻總是做不到，而他竟能親身實踐，真讓我有些氣憤。

星期六

我看著一些不知不覺間累積起來的物品，像是和禮物一起送到的信，以及一些設計超美的請帖。

手寫信可以看見寄信人的筆跡、感受他們的心意，但請帖就有點尷尬了，至今收到的請帖累積起來份量十分可觀，但又不能隨便當成垃圾處理，讓我煩惱了好久，也堆在那好久。

只能等到某天再也無法忽視，發現沒有任何能塞的地方，腦海中浮現不得不與這些請帖告別的想法時，再小心翼翼地把他們裝進紙盒裡處理掉，而且還要雙手合十，祈求每一對夫妻都能平安健康。

但處理完請帖之後，我仍會感到很在意，彷彿忽視了他人的誠意一樣，不斷回想起那些被我處理掉的請帖。其實發帖子的人跟收帖子的人都知道，這些請帖不可能這樣一直堆在那，但要丟掉請帖卻總是那麼不容易。

死亡與

少年

那是我剛成為公設辯護人，參與羈押庭的事，申請羈押的事由寫的罪名是虐童致死罪。

剛見到嫌疑人的時候，我的心跳得非常快，根據事前得知的資訊，我猜想對方肯定是個窮凶極惡的人。

「他對自己妹妹的兒子施暴，導致小孩死亡？小孩有需要打成這樣嗎？不對，我是他的辯護人，我不能戴著有色眼鏡看他。」

理性與感性的衝突更讓我覺得緊張，好不容易鎮定下來之後才開口說第一句話，這是我第一次跟別人說這種話。

「您應該很傷心。」

被害人是嫌疑人7歲的姪子，聽說那天上午已經完成驗屍並火化，我覺得很心痛，但還是鎮定下來繼續說：

「今天要決定是否羈押你，整個過程可能會比預期的快很多，您不用太介意。未來我們還會經常見面，您之後可以告訴我任何您想說的話。」

我想他的內心，應該也正在經歷出生以來最大的風暴。先不去看他虐待兒童致死的罪刑，我應該先安撫他的心情才對，畢竟他看上去就像是個精神失常的人。

他向我點頭問好，然後像個剛開始學說話的演員一樣，說話十分緩慢。說今天吃了很多飯，到昨天都還一直在哭，非常痛苦，但現在已經冷靜下來，今天是火化的日子，沒辦法去到現場覺得很抱歉。

這樣可憐的姿態不知究竟是不是真心，讓我有點混亂，於是我再一次告訴自己，無論到哪我都是他的律師。我把心中的話吞了下去，開始跟他討論應該往哪個方向辯護比較好。

他在姪子口吐白沫昏倒之後就立刻報警，並且坦白所有犯行，他雖然害怕被羈押，但不曾想過否認自己的行為。

「那可以主張不符合羈押要件中的『有逃亡、湮滅證據之虞』，請求不准予羈押。」

他慢慢點了點頭。不知道是不是暌違多天終於遇到一個能說話的人，終於可以一吐心中的苦水，他說了很多事情，包括他有三個小孩，其中老么是身障。

我望著他有如看到幻覺一般渙散的雙眼在想，這個人原來不知道現在究竟發生了什麼事，原來他已經失了神，而我的首要之務，就是幫助他的精神恢復正常。於是開始跟他分享一些小事，像是好幾天沒刮鬍子了吧、今天的小菜有哪些、有抽菸嗎之類的小事。而他回答我的時候，卻總是呆望著某個地方，使我不得不要求他看著我，也終於讓他的雙眼恢復焦點。

*

檢方最後出示了驗屍的照片，這讓我全身發抖，我感受到無法承受的憤怒。我看見孩子滿是瘀青的身體，突然一陣罪惡感湧現。原來我在為做出這種事的人辯護，用盡一切的努力只為了讓這樣的人冷靜下來，真是令我頭昏眼花。

你會相信

誰的話呢

「那個人罵我，而且還罵得很兇。」

「他說謊!我才沒有罵他!」

「什麼?對方說沒有嗎?我明明就聽到了，而且他每天都罵!」

「胡說八道什麼啊，拜託，我這個人本來就很討厭聽到髒話，怎麼可能會說?你是不是誤會什麼了?你有證據嗎?」

「證據？那時就只有我們兩個人，你也知道我手邊沒有錄音的工具，那傢伙在別人面前還笑咪咪的，但別人一離開就立刻變臉。」

「少誣賴我喔，聽一下其他人的說法，我看起來像那種人嗎？拜託！這也是我第二次來軍隊裡了，之前來做過義工！」

「他要一直裝蒜嗎？……，要怎麼做你才會相信我？我冒著很大的風險才來檢舉他的……。」

「我會反告他誣告，叫他準備好。而且，你不知道他是軍中特別需要關心的特殊兵嗎？怎麼可以聽他的片面之詞就來調查我？你有辦法承受後果嗎？」

★

兩人在密室之中發生爭執的事在軍隊中很常見，而我負責的案件中最讓人頭痛的，就是這起認定軍醫是加害者的案子。

醫務兵檢舉自己的軍醫長官，當時現場只有他們兩個人，沒有任何物證，只有自白，也就是只有人說的話。人說的話真的能相信嗎？如果人說的話不能相信，那又該相信什麼？

我必須比較相信其中一邊，不相信另外一邊才行。軍醫主張自己是有信仰的人，不斷發誓表示自己是清白的，受害者則想用割腕來證明自己說的才是真相，在事情演變成最糟的情況之前，必須要有受害者能接受的調查結果、加害者能承受的處分結果才行。

雖然不知道是否是軍醫利用自己的地位拜託他人，但我們接連收到數十封請願書，名單從二等兵到從事軍旅生活30年的上校都有，字字句句都在為軍醫平時的行為擔保。

「我所認識的軍醫絕對不是這種人，我敢保證。」

「那個士兵原本就不會做事，他是出了名的搞不清楚狀況。」

「軍醫到底是有多辛苦才會生氣，換成是我早就生氣了好嗎？」

有兩句話不斷在我腦海中浮現，一句是人們常說的「無風不起浪」，另外一句則是法律界一直以來流傳的「產生懷疑時就要以被告的利益為優先」。

我慌張且暈頭轉向，不斷翻著事件紀錄，秉持著魔鬼就在細節裡這句話，我重複閱讀一些瑣碎的內容，結果發現幾件事讓我特別在意，首先是兩人的通訊紀錄檔案。「請仔細看看這些內容，我的語氣像是在對他施加壓力嗎？」軍醫理直氣壯地交出他認為對自己有利的檔案份量。就像他說的，他每一句話後面都加了一個笑臉貼圖，但對方的語氣卻顯得公事公辦、十分生硬。

可以的話，你能不能晚上再過來把事情處理完呢？：）

我知道了，晚上我會處理。

你這次一定要休假嗎？不能等活動結束再休假嗎？：）

好，等月底活動結束我再休假。

這段紀錄讓我思考，韓國社會癌症發病率之所以會高不是沒有原因的。

受害者完全沒有忘記任何的標點符號，實在很難從對話中看出彼此維持友好的關係。

受害者用個人的手機持續與軍醫對話這件事，本身就有點奇怪。如果當面說話時總把髒話掛在嘴邊，但在聊天室裡卻一直面帶笑容，是不是會讓人毛骨悚然呢？會不會讓人很怨恨自己無法頂嘴、無法做出任何反抗呢？或許比起對方，受害者更受不了的其實是自己這副模樣也說不定。

雖然沒人看見或聽見軍醫罵他，但卻有幾個人目擊他發脾氣訓斥受害者的樣子，聽了訓斥的理由跟方式，感覺有些殘忍。舉例來說，他會因為受害者記不得一些小事，叫受害者天天都要親手抄寫下隔天要做的事情，如果漏掉任何他說的內容，就必須重複抄寫好幾次，現在就連在教小學生時都不會這樣做。

「你活著幹嘛？乾脆去死好了，這麼笨以後出社會是能做什麼？」

「還做那個表情？笑！給我笑！怎麼了？要去告狀嗎？去告啊，誰會相信你說的話？要不要趁這個機會來看看是我的形象好還是你的形象好？」

一個人對另一個人說這種話，真的令人無法接受，究竟是抱持怎樣的想法才能說出這種話？優越感？憎恨？多重人格？真令人作嘔。感覺這些話都像衝著我來的，讓我頭暈。換成是我，像我這樣的人能承受這些話嗎？

正義的女神像一如往常地矗立在法院前，雖然她總是遮著雙眼，但那天她終於知道，她所拿在手上的天秤正朝著某一邊傾斜。

好人

從某天開始，我就放棄成為好人了。

不，這是個天大的謊言，現在我還是一直苦思該怎麼做才能成為「好」人。我脫光衣服，一邊洗頭一邊自言自語。

究竟什麼才是正確的？如果不想傷害到別人的心，那究竟該說些什麼才好？如果想獲得一些有用的資訊，究竟該怎麼做？哎呀，請賜我一點智慧吧！

水柱噴向我的臉，這時才終於洗去我的雜念。

我的煩惱就這麼可笑地一天一天增加，只因為我想像個
「好」人。

我只放棄了一件事，那就是不寄望別人會記得我是一個
好人。

對他人怎麼看待自己這件事執著到最後，腦袋就會由他
人做主，而我則成了評論的奴隸，真想清除別人的痕
跡，喚醒真正的自己。

您沒有

名牌耶

我前往位在瑞來村的日式餐廳。為了迎接與太太的紀念日，我花了一大筆錢，比求婚那天還要誇張。因為想說一年也就只有一、兩次的機會能吃這種大餐，就暫時將乾癟的錢包拋在腦後，拉開拉門走進店裡。這間店只有一種菜色，那就是每天都會更換的套餐料理。這是幾年前開始流行的主廚創作料理，由主廚自行選擇新鮮的生魚片來做成餐點。我因為秉持著不能不追隨一下流行的心態，所以才來挑戰。

結果實在不太好，總是有讓我不太滿意的地方，三位廚師當中只有一人把名牌掛在胸前，為什麼？究竟是什麼原因，讓另外兩位成為沒有名字的人？真的一定要這樣嗎？雖然聽說在日本新廚師都只能烤烤海苔、一直做雞蛋捲，但這三人怎麼看都覺得應該是同輩。

難道是兩人把名牌放在家中忘了帶嗎？還是怕被別人知道自己的名字，所以才把名牌放在更衣室裡？再不然就是主廚想要給顧客下馬威，告訴大家「這裡是我的廚房，你們不需要知道我叫什麼名字」嗎？如果真是這樣，那無論食物再怎麼好吃，我也不會想再回訪了。如果這裡的主廚會用這種態度對待一起工作的人，那這樣的主廚所端出的食物我也不想碰。眼睛所看不見的心，會對我造成很大的影響。

「那兩位為什麼沒有名牌呢？」我獨自在心裡煩惱許久，才向太太提出這個疑問。

「嗯?什麼?」太太以一無所知的表情回問。

「在這種價位的餐廳、做這種頂級料理的人,應該都會想要用自己的名字做擔保吧?」

「會嗎?也有可能沒什麼特殊用意啊。」太太帶著微笑邊喝大醬鍋邊回答我。

「也是啦,但……,我一直很在意,要不要問問看?」

「問什麼?」

「另外兩個人為什麼沒有名牌。」

「你應該不是認真的吧?」

「嗯?我是認真的啊,這樣很不妥。」

「不要隨便干涉別人啦,應該是有原因的吧。」

「……應該吧?」

雖然因為接受了太太的話,所以沒有當場詢問,但如果是跟朋友去的話,我應該會努力露出微笑把問題問出口:

兩位沒有掛名牌耶。

他人的方法

我曾度過一段很長的考生生活，從進入大學到脫離學生身分，總共花了十年的時間。

身邊同輩的朋友都很認真累積自己的經歷，看著他們充滿交換學生、實習、公開競賽、志工活動的華麗社交生活，我感到怯懦。很多人都擅長社交又有才能，而我卻整天只會埋首書海，平易近人個性漸漸消失，只是不斷地深入自我。

我每天待最久的地方是圖書館，學校為了要準備各種考試的學生，還規劃了額外的閱覽室，但我只會使用那裡放置考試書籍與個人物品的置物櫃。那裡會讓我聯想到國高中時期去的讀書室，感覺不是很好，每次走進去都會先注意到別人的位置，看看別人都在桌上擺了些什麼、用什麼樣的心情讀書，再觀察最多人使用的原子筆是哪一支、哪一種習作現在最流行，我的低級樂趣就是從這裡開始的。

＊

有一個詞叫做「罪惡的快感（Guilty Pleasure）」，是對一件事情很有罪惡感，但卻又很喜歡、很享受的心態，用我的方式來說就是低級樂趣。我的低級樂趣，就是在無人的閱覽室裡散步。

趁著別人不注意偷窺別人的空間，這雖然會讓人有罪惡感，但我安慰自己，用「至少不是打開緊閉的置物櫃」這種藉口試圖合理化自己的行為。走在走廊上會有人看到，所以這跟偷東西又不一樣。

書桌是玄關門，也是一扇小小的窗戶，看見有些人垂頭喪氣的時候，我會偷偷放巧克力和一張小紙條在他的門邊，有人生日的時候則會放一束香氣濃烈的花。我們就這樣默默地關心著彼此，當時即便每天都會見面，但還是會看準對方離開位置時，偷偷傳遞自己的心意。

閱覽室就是匯集這些瑣碎日常的地方。有天，我突然興起了想自己一個人去閱覽室晃晃的念頭，不知道為什麼，就只是突然想這麼做。星期日早上是最合適的時間點，再怎麼認真的考生，星期日早上一定都會睡懶覺，那時的圖書館也相當悠閒。我在這個時間點，也會暫時拋開緊迫盯人的讀書進度，享受閱覽室散步的樂趣。

留心觀察小事，就能夠產生許多想像，這件事情甚至讓我感到興奮。閱覽室很安靜，座位的主人都不在，但書桌上的物品看起來卻仍能感受到每個人的苦讀。

偶爾也會有像遇見秘密社團的夥伴那樣，讓人感到愉快的時刻。像閱兵典禮軍隊的刀鋒一樣整齊的文具、厚厚的考試參考書側面貼滿了整排的便利貼，以及好像才剛洗乾淨的環保杯，這張書桌的主人肯定是個細心且堅守個人秩序的人。令我忍不住驚訝地想：原來也有人跟我一樣？

「讓我看看，每樣東西都有自己的位置，沒錯，螢光筆就是這樣最剛好，不多不少只要三支。喔哈，鉛筆也有三支呢，最近大家都懶得削鉛筆，改用自動鉛筆了。唉唷？牙刷不能這樣放啦……。」

雖然這想法有點可笑，但遇到這種情況時偶爾還是會想提供對方一點建議。

除了井然有序的人之外，也有沾滿泥土的足球鞋隨便丟在書桌底下，或是桌上擺著摩托車安全帽的人。

為什麼突然會有安全帽？其他的我是不清楚，但就這點來看這個人肯定跟我不是同一類型的人。比起需要有許多身體碰撞的足球，我更喜歡獨自登山，比起騎著摩托車在路上奔馳，更喜歡在圖書館裡散步。

作為一個旁觀者偷看別人的書桌，會產生原本不存在的理解。考生大部分都會在書上寫下自己的名字，所以能夠輕鬆辨識出這是誰的位置。比起好友的桌子，看到曾經在某處聽過的名字時，反而更能引起我的注意。只要觀察那個人如何整理自己的空間，就能夠大致了解對方是個怎樣的人。

「這個人很老實，坐下來之後會先讀聖經。從來沒看過這個人生氣或激動，是個正直的人，他的桌子也很端正呢。哎呀，這是怎麼回事？他不是努力派而是天才型的啊？書竟然都是全新的，難道是看一次就都記住了嗎？」

一些模糊的輪廓漸漸變得清晰，讓人感覺這種觀察真是了不起，我突然想起一個人的物品都會跟主人相似這句話。有一些人我雖然不認識，但卻莫名地信賴他們，甚至會有「如果是這種人的話，一定不會搶別人的東西或對周遭造成危害」等先入為主的偏見。

結束室內散步之後，我回到自己的位置坐下，就會產生莫名的希望。我莫名地有一種預感，相信雖然我們花費大把的青春歲月坐在書桌前，但這樣的努力絕對不會白費。雖沒有任何根據，但這也足夠使我的一天感到充實。

您 是

哪
位

「是新郎的親友嗎?」這句話我一直說不出口。

其實看就知道了,他們不是任何一邊的親友。2019年3月16日下午1點,光化門四季飯店,第一次到高級飯店參加婚禮讓我心情十分沉重。

會場坐滿了人,飯店員工開始指引賓客前往設置在其他樓層的包廂。空曠的講堂裡,架設了一塊大大的螢幕和十幾張圓桌,身處其中的人對彼此毫不在乎。

和交付禮金才能獲得餐券的一般婚禮會場不同，當天沒有餐券，也不確認請帖，是為了節省賓客的麻煩嗎？既然沒有餐券，那如果有人假裝是賓客隨便闖入吃遍昂貴的餐點，也不會有人制止。

有位女性走近我坐的地方。
「我可以坐在這嗎？」
「請坐。」
她背對著螢幕坐下。
「我以前曾聽過小說家趙正來的主婚致詞，那是我第一次聽主婚致詞聽到哭。」
她在得知婚禮主持人是知名主播之後，便開始講起自己的經歷：
「眾所周知，他一直都不太願意當主婚人，當年他答應主婚的條件，是要捐款五千萬韓元給年輕的文人，而新人也爽快地答應了，他就開玩笑說早知道就喊價一億韓元，很有趣吧？」

因為是很有趣的小故事，所以我也毫不懷疑地跟對方展開一段短短的對話。

大約過了十幾分鐘吧，有一對打扮較為休閒的男女，和一位穿著頗為正式的年輕女性漲紅著臉走進來。

「我這個禮拜都過得很痛苦，都在等這今天。」

男人跟先抵達的女性搭話，並一邊大口喘著氣一邊坐下。

「這裡很棒啊，還要上哪找這種地方？」

他們一坐下來，就把桌上所有的年糕夾去吃，然後再把飯店員工叫過來。

「餐什麼時候上桌？我們兩個人不要牛排，幫我們準備鮭魚燉飯。」

這是常見的手法，四個人一邊分享食物一邊分享網路上的八卦新聞，主餐吃完後小碗裝的宴會麵一上桌，年輕女性就帶著開朗的笑容說：

「新羅飯店的麵最好吃了。」

「對吧？新羅飯店就是最會做宴會麵。」

一直到起身離開為止，他們只有抬頭看過一次螢幕，當時在介紹受邀前來的知名古典樂演奏家。在他們吃飯的過程中，完全不曾提到新郎、新娘或任何人的名字，甚至對儀式也毫不關心。儀式結束拍照時，他們也沒有人離開座位，只顧著埋頭猛吃。後來新人準備到每一桌問候時，男人才一邊用餐巾擦嘴一邊說：「喂，我們走吧。」接著四個人便急忙離開座位。他們說的話、做的行為、穿著打扮等各個方面，都完全不像參加結婚典禮的賓客，他們究竟是誰？

我知道這是多管閒事，但還是把這件事告訴飯店與新郎。飯店員工說這種騙吃騙喝的行為很常見，意圖以此帶過這件事，但要負擔餐費的當事人可就不這麼想。這週末，他們是否又到哪個飯店去郊遊了呢？他們的腳步是輕鬆還是沉重呢？

如果我說一個多月之後他們被逮捕了，你會相信嗎？

多虧我觀察入微！

內建迴路

全面啟動

我搭上無窮花號，太太被外派到龜尾去了，那是我這輩子從沒去過的地方。高鐵沒有停龜尾站，想去那裡就得搭新村號或無窮花號*。我在釜山站上車，找到自己的位置坐下，我的位置是二號車的27號位，是我平時偏好的靠窗座位。

到了位置上一看，發現有個女學生蓋著黑色連帽外套在睡覺。辦公室一次、上公車時一次、在火車站下車時再一次，也就是說我確認了五、六次，並熟記了自己的座位號碼。

*編按：新村號相當於自強號，無窮花號相當於莒光號。

為了不妨礙別人入座，我便側身站著拿出自己的手機，確認車票上的座位的確是二號車的27號位，而我所在的地方的確也是二號車靠窗的27號位。

瞬間我在思考，究竟要不要叫醒這位學生，我伸出手想搖她的肩膀，但卻又感到遲疑而收回伸出的手。她沉睡的樣子讓我很在意，學生的樣子並不只是閉眼小睡一下而已，而是整個人往後睡癱了。她頂著蓬頭亂髮，似乎是刻意想用頭髮遮住那張有些倔強的臉。究竟是度過了怎樣的一天，才會讓她這樣睡得不省人事？於是我靜靜地在靠走道的位置坐了下來。

接著我感受到別人的視線。往旁邊一看，發現旁邊的四名女學生把椅子轉了半圈弄成四人團體座，然後以幾乎躺在座位上的方式坐在那裡。她們好像約好一樣，都用同樣的黑色連帽外套蓋住身體，我猜坐在我位置上的女學生跟她們應該是一起的。她們五人一起出發去某個地方，不得不跟朋友分開坐的一人就隨便找了個靠窗位坐下睡覺。

因為如果坐在靠走道的位置，有人要下車的話就必須要移動身體，我覺得自己的想法很有道理。

隔壁偷偷觀察著我的學生，看到我默默地坐在靠走道的位置，便又再次閉上眼。從她的目光當中，可以確認我的推測很接近事實，她是不是暗自在心裡期待無論誰來都別叫醒朋友、希望來的人可以坐在靠走道的位置呢？如果跟我想的一樣，那麼她的願望的確實現了。我畢竟不是能不看對象是誰就把對方叫醒，一定要坐在自己位置上的人。

★

無窮花號和高鐵不一樣，沿途會經過很多站。每當我在想不知道運行得順不順利時，車上報站的廣播就會響起，每經過一個小站都讓我很在意。如果我想錯了怎麼辦？如果這個學生坐過站了呢？如果這一站有人上車後過來跟我說「這是我的位置」，那我該怎麼辦？

那個人看到坐在他位置上的我，會像我一樣一言不發地退後，確認一下車票上面的座位是幾號嗎？

我的敏感迴路快速運作著，沒有任何人注意到，只在我的腦海中高速運轉。如果有類似測量懸浮微粒指數的敏感測量數值，那我現在肯定已經達到警戒標準。當事情不照計畫來時，啟動敏感的引擎就會猛烈運轉，讓大腦陷入超載的狀態，因為我必須在腦海中模擬各種可能，並且衡量合適的對策以及每種對策的優缺點。因為無論發生什麼事，我都不能毫無準備地單方面承受，當下的我忙著做足準備因應突發狀況。

抵達龜尾站之前，隔壁的學生動了一下然後睜開眼。她的眼睛微微睜開，並往我的方向看了一下，那眼神彷彿在問我「你坐那邊應該沒關係吧？」

「妳是28號吧？」

「對……。」

我靜靜地問她，而她吃力地開口。她看起來就像「真的、真的很累，所以才會回答得這麼吃力」。

「那個……我要到水原，請問你要到哪裡？」

「龜尾，我坐這邊沒關係。」

接著我便轉過頭，呆呆地望著前方，讓她可以認為我是無論坐哪都可以的人、讓她可以再次放心地入睡。為了讓自己看起來像頭熊一樣木訥，我做出若無其事的表情，即使我心中在盤算著各種可能的情況，但外表仍絲毫沒有一分動搖，雖然我根本就不像熊，甚至非常、非常敏感，是只要有一點小事不如預期就會坐立難安的人。

公共廁所

我們身邊最多細菌的地方是哪裡？有時候那個地方又會像救世主一樣讓我感到安心，在再也忍不住的時候及時出現的那個地方，就是公共廁所。

市區大樓的好處之一，應該就是洗手間乾淨又整潔吧？這種地方的廁所，我就能放心進去使用。有時候我甚至會像觀光客一樣，去參觀這棟建築物的廁所究竟長什麼樣子。

近幾年如雨後春筍般冒出的漂亮小店，洗手間也都有著獨特的魅力。有時候讓人彷彿置身歐洲，不過其實我根本也沒去過歐洲，實在無從判斷。我究竟是依據什麼產生這種想法的？有時候我也真的不了解我自己。

相較之下，破舊的地鐵站洗手間、弘大遊樂場的洗手間、在店內「廁所在走出門後右邊大樓的二樓」的告示指引下抵達的洗手間，簡直就像夏夜的試膽大會。我真的很怕在沒有心理準備的情況下走進這種地方，基本上都一定要站在門前深呼吸。不，其實這種時候我通常都會忍住，等移動到下個地點、回到家再去，或者是移動到洗手間清潔有一定保障的地鐵站再去。「走出門後右邊大樓二樓」的洗手間，都還沒走進去就能看見地板上有不知道是積水還是他人排泄物的不明液體，洗手間的門還會嘎吱嘎吱地響個不停。如果在這種地方滑倒，那真的是吃不完兜著走，尿騷味說不定洗也洗不掉。

★

大學時我曾苦苦等待圖書館完工，施工結束時我帶著喜悅的心情走進去，像以前一樣在書架間漫步、享受著書堆的味道。在圖書館裡閱讀心愛的申海昱詩集《生物性》，讓我感到心癢難耐。度過一段悠閒的時光之後，我為了解決生理問題而前往廁所。

怎麼回事？小便斗旁一直有東西噴出來耶！天啊！那是什麼？我整個人呆站在原地，到底是怎麼弄成這樣的？讓我好挫折。我每天都會來圖書館，這樣真的讓我很困擾。我的褲子到底做錯什麼了，為什麼要承受這種待遇？我怎麼有種為了洗手打開洗手台的水龍頭，結果卻有一大盆水從頭頂澆下來的感覺？

於是我順道確認了那一層樓的每一間廁所，實驗看看水到底會不會噴，我一定要找到一個正常的！

因為我的褲子很重要，但這只是白費工夫，畢竟都是同一間公司的產品，所以沒有任何一個是正常的，這就是我悲傷的圖書館廁所怪談。

＊

有一次我真的很急，完全不管究竟乾不乾淨就衝進去，差點一屁股坐下去。大家都有過這種難以啟齒的時刻吧？緊繃著肌肉堅持不要鬆懈的時刻，以及為了對那些忍耐表達敬意，長嘆一口氣大喊「啊，得救了」的時刻。緊接著便會帶著「應該不會那麼倒楣」的心情往旁邊一摸，才發現該有衛生紙的地方空空如也。真的很絕望，只是坐下去之前沒擦馬桶蓋而已，就發生這樣的悲劇，怎麼會這麼巧？

叩叩，不好意思，外面有人嗎？

什麼？

聽到對方說完話之後還伴隨著小便的聲音，我想對方應該也正在展開一場激烈的戰鬥，而那慌忙的聲音讓我更感到抱歉。

裡面沒有衛生紙，可以請你幫個忙嗎？接著一卷全新的雪白衛生紙便從腳底默默出現，這真的是一個非常值得在討論人性時拿出來研究的畫面。

但真正的怪談才剛要開始。正當我抱持「有好結果就好」的心情起身並按下沖水閥時，才發現水並沒有減少而是逐漸往上湧出來。咦？我本能地墊起腳尖，怎麼會發生這種事……，真的是不讓人喘口氣耶。我先蓋上馬桶蓋，然後大大吸了一口氣，管理人是在哪裡啊？打掃的工具又在哪？我做的事情當然是要自己收拾。於是我在腦海中規畫動線，打開門之後就必須速戰速決把整件事處理完！開——始！

*

發生那件事情之後，我都不太會進去馬桶被蓋住的廁所，因為有一股不祥的徵兆，會讓我想裡面不知道有什麼，竟然要這樣蓋住？

真的不得不選擇這種廁所時，我會先撕一點衛生紙包住手指再把蓋子打開。讓人「啊啊啊！」嚇到腿軟的狀況不在少數，真的沒有比公共廁所更讓人愛恨交加的地方了。需要的時候出現會讓人開心，但卻又有些不安的地方，對敏感的人來說真的沒有比這更可怕的敵人了，從進去到出來之前，都絕對不能放鬆警戒！

提出某些言論讓我奉為圭臬、即時給予建言的人，大多是在社會上沒什麼功績的無名氏。系上的教授們可能是德國回來的碩士、美國回來的博士，大家在學術界都有一定的成績，但在溝通這方面可說是不及格，不，簡直可以說是0分，明明在學術界就是一等一的權威。

我幾乎沒見過值得尊敬的教授，一想到教授這個名詞，就會聯想到充斥學界的論文代筆與面試舞弊問題。只要是當過學生的人（尤其是曾經進入研究所就讀的人更是如此），應該都很清楚從事教授這個職業的人究竟是多麼跋扈。朝鮮時期的醫學家李濟馬曾說：

頭有擅心，肩有侈心，腰有懶心，臀有慾心。頷有驕心，臆有矜心，臍有伐心，腹有夸心。

真是讓人起雞皮疙瘩，還以為這段話是他坐在A教授面前寫的呢！

有一次我曾經和A教授一起寫論文，準確地說是他來拜託我，問我要不要寫個論文順便賺零用錢，他每個月都會給我固定的金額。

對當時需要生活費的我來說，完全不知道自己的名字是不是會被列在共同作者的欄位，就這樣答應了他，後來朋友們發現這件事才一一跑來問我。

「到底是拿多少錢寫論文？都收錄在哪裡？只要找地方發表就可以了嗎？他說會把你的名字一起放上去嗎？什麼？沒有放嗎？」如果我說「唉唷，我也不知道⋯⋯」的話，朋友就會驚訝地說「喂，你怎麼可以連這都不知道？這樣他不就是想用錢打發你嗎？教授這種人就是這樣，只是頂著個教授的頭銜罷了，實際上就是個只顧著收租的房東啦，我還沒見過沒有置產的教授咧。」

雖然這傢伙是想讓我認清事實所以才誇大其辭，但他說的有一半都是事實。很多教授看似待在學校的藩籬內成天埋頭研究、假裝飽讀詩書，但其實都在侵佔藩籬內的公有土地，還大聲主張自己有不可侵犯的權利。

這種景象我們看多了，無論是四處散播邪教思想的教授，還是回到家就會變身成為家暴男的父親，他們就是一群頂著不同名字的獨裁者。

他們鞏固自己的高塔，讓任何人都不能隨意干涉在裡頭發生的事情，一旦進入那個結滿蜘蛛網的地方，就容易成為蜘蛛的俎上肉。

曾經有一次我在論文寫到某個進度之後去找A教授，而他卻不耐煩地對我說：

這不是你能力的問題，是意志力的問題，就算不行也要想辦法寫下去，就算熬夜也一定要做點什麼結果出來吧？這決定你未來是能進知名律師事務所還是當個普通的律師。

他說的意志力跟我想的意志力不一樣，他力捧的學生就只有他喜歡的學生而已，而那並不是我想成為的樣子。

他把我當成情緒發洩的出口，只想要利用我、消耗我，我絕對不能坐視不管，我也必須要狠狠地回擊，一定要給他一點顏色看看。

我一直等待月底來臨。最後一天我拿著論文去找他，雖然寫滿了三十頁，但卻沒什麼內容，我刻意替內容灌水，他只是看了一下論文就開始對我破口大罵，而那天我也欣然辭掉了那份工作。他必須把論文內容刪掉全部重寫，最後甚至連論文主題都換掉了，這真是讓人感到舒爽的回擊啊。

到底為什麼

要這樣對我

我經常看自己不順眼，每天都有讓我後悔的事情發生，是因為我還年輕嗎?不是，這不是年紀的問題，而是我心中累積的怒火造成的問題，若不能平息這股怒火，那我就和坐在街邊虛度光陰的市井流氓沒有兩樣。

這是我住在學校前考試院時的事，當時每天都在凌晨五點醒來，因為被隔壁窸窸窣窣的聲音吵醒。一想到自己經常這樣睡不著，就覺得非常委屈，我先靜靜打開門去洗手間，想辦法讓自己平靜下來。然後再稍微開窗讓室內通風，想重新躺回床上的時候，卻又聽見刮房門的聲音，於是我「砰」地大力敲擊牆面，這讓我腎上腺素瞬間飆升。雖然隔壁房間因此暫時恢復平靜，但沒過多久又開始發出窸窣聲，我再次砰地用力敲牆壁，然後走出房間，我氣喘吁吁地站在隔壁門口，一個西裝穿到一半，一臉委屈的男人走了出來。

「你到底為什麼要這樣？」

那是我說的第一句話，而那天晚上這句話也一直在我腦海中盤旋。

我問他如果清晨就要出門，那準備的時候能不能小聲一點，牆壁實在太薄了，一點點聲音都能聽得很清楚，再加上可能是因為我個性敏感，只要有一點聲音就會立刻醒來。而對方則大吐苦水說這就是團體生活，人在生活的時候本來就無可避免地會有動作，這點程度應該要互相忍耐，他自己也是昨天凌晨四點被隔壁講電話的聲音吵醒，但他也沒有跑到隔壁去跟對方吵，不過還是很抱歉。於是我們兩人開始忙著跟對方道歉，抱歉吵醒對方、抱歉一大早就讓人心情不好。

我無法忍受早上吵醒我睡覺的聲音，不，更重要的是無法忍受對方好像刻意想傷害我的感覺。以前我很討厭輸，這都是我的錯，真的，這的確是一種暴力，我老實說，我在生理上、心理上都對方施加了暴力。

＊

我們家沒有教導迪倫暴力，大吼大叫、憤怒、種族主義也都不是在我們家學到的，我們教他說自己希望被用什麼方式對待，就應該用相同的方式對待他人。

1999年4月20日，發生美國史上最血腥的校園槍擊案「科倫拜校園事件」。事件發生後16年，兩名加害者之一的迪倫・克萊伯德的母親蘇・克萊柏德出版了一本書，書名叫做《我的孩子是兇手：一個母親的自白》。

有對象的暴力，通常是源自於自我的喪失或汙辱。會發生這樣的事件，是因為他相信解決不滿的唯一方法便是行使暴力，所以才會做出這樣的決定。

這一段真是令我震驚，彷彿大拇指被火燒到那樣，我震驚地立刻用手抓住自己的耳垂。

是因為我個性敏感嗎？總是覺得他人沒有特殊用意的發言與行為都是衝著我來。那天也是，隔壁房間的人會發出窸窣聲一定是有原因的，但我卻誤會那樣的行為是在挑釁我，雖然沒有任何合理的依據，但還是落入這樣的思考之中。

唉唷？故意這樣嗎？這樣真的越線了吧？夠了喔！再不停止我就要爆炸囉！然後我就真的爆炸了，便當著對方的面追究這件事。這是我的人生中不斷遺忘、重蹈覆轍的事情，要是發生讓我看不順眼的事，我就會異常執著，接著產生誤會、信以為真，開始斥責別人。

該怎麼做才好？雖然我的理性知道答案，但感性卻怒火中燒。是因為我特別熱血嗎？如果感覺遲鈍一點，應該就能夠擺脫這種惹人厭的狀態……，但我卻完全做不到，只能每天告訴自己不要變成暴力的人。

史汀的歌〈脆弱（Fragile）〉當中，有這樣一句歌詞：

「Nothing comes from violence and nothing ever could.」

暴力無法獲得任何事物，絕對不能。

我們的

時間

聽Podcast「電影俱樂部」分享的投稿，讓我突然哽咽，
那是跟電影〈我們的身體〉有關的故事。電影描述第八年
挑戰高考的「子英」的故事，而投稿者則花了七年準備公
務員考試，一直到最近才終於放棄。無論是考試這個字
眼，還是八年、七年這些時間，對我來說都不陌生，反
而讓我覺得那就是我、那就像我的故事，感到非常親
切，也很快陷入其中。

投稿者說他並沒有看過電影，沒有看是因為看不了這部電影。來信中的字裡行間，都能感覺到歲月在他身上留下的痕跡，孤單與猶豫、惋惜與空虛、不安與茫然，都完整地融入文字中。而我彷彿坐在投稿者身邊，跟他一起慢慢細數自己一路走來的足跡，對花費十年歲月終於跨過考試門檻的我來說，那封投稿來信就是我的故事。

那有多麼孤單呢？當事人會對自己多麼失望、認為自己是個無能的人呢？決定放棄準備考試的那天，他都在想些什麼呢？若不想被自己空虛的心擊垮，必須要多麼努力鞭策自己？我將過去的自己完整投射在這些問題之中。

若以考生身分生活的時間拉長，也就是當他人已經展開第N年的職場生活時，我仍然在書桌前當個考生，我這個人就會變得越來越渺小。過起經歷無數合格之後才能實現的人生，才突然發現充斥心中的感受無處宣洩。即使有家人、有朋友、有情人，仍然感覺孤單一人。

無論是在書桌前、在考場內、過完疲憊的一天，躺在床上看著天花板時，陪在我身邊的始終只有我。

我的眼前浮現起寫下這段故事的人的模樣，我想他應該煩惱著該不該投稿、該不該把自己的故事說出來，對因為一些小事就哀哀叫的自己感到無力、回想起那段如今已不具任何意義的歲月，令自己痛苦萬分。他需要的不是別的，而是真正的安慰，但卻沒有人能給他安慰。至少從耳機中流洩出的聲音，能夠帶給他一些安慰，從這樣的聲音中獲得慰藉，令他感激卻同時也感到苦澀。

電影俱樂部的聽眾都稱呼彼此為「會員」，我也是其中的一員，感受著那種隱密的歸屬感，雖然不是會見面聊天的關係，但卻會在心裡想「原來這些人跟我有很多相似之處」。

我們不會直接用「時間會解決一切，忍過去就好」這種話安慰彼此，而是會與和自己有相似遭遇的人分享對話，透過「此刻世界上某個角落，有個跟我很像的人，正在悄悄活出他們精采的人生，我也要再次打起精神來」的方式獲得安慰，而源自於此的安慰意外地具備十分強大的力量。即使只是在心裡想沒有實際付諸行動，但我仍有一段時間，一直希望能將自己獲得的安慰分享給這位投稿者。回家路上聽著節目時，我想起曾在地鐵上看見的風景。

地鐵4號線10號車廂2號門。

穿著制服的一位學生，正用手機在搜尋單字。

忍耐

【名詞】忍受並承擔孤獨或困難。

天空、風、星星

與敏感

我總是能體察微妙的情緒變化、意圖退一步觀察自己的情緒。為了不讓自己被時時刻刻起伏不定的情緒牽著走，我總是隔著一段距離觀察自己的內心，彷彿對待他人一樣，站在遠方靜靜觀看。

初次接觸到冥想是在濟州島，當時我正在尋找濟州島的住宿，發現一個經營清晨冥想課程的地方。在濟州島的天空下冥想？聽起來很不錯。於是我立刻預約，並且搭上前往濟州島的飛機。那是我開始關注吃素這件事之後約莫三個月左右發生的事，也是冥想開始經常出現在生活中的時期。深入了解素食主義之後，便開始會提醒自己坐姿要正確，也因此照片中的我看起來越來越好。該說是一種興趣的連結嗎？從吃素到瑜伽再到冥想，感覺就像是環環相扣的關卡，正當我覺得我遲早有一天也會踏上這條路時，我開始對冥想產生興趣。

上午6點40分，我到了地下室，散發東南亞風情的裝飾物迎接我們。我脫掉鞋子走進去，發現一位留著濃密鬍子的老爺爺盤腿坐在裡頭。「我是誰？就是今天冥想的主題。」他靜靜地說。

真的能夠了解我究竟是誰嗎?當下我非常激動,因為覺得探尋已久的問題終於能在今天找到解答!

「我們所認為的『我』其實是自我(ego),自我會希望能夠無限擴張。」

「我們需要透過冥想察覺自我,自我是十分危險的存在。」

他的面前擺放著端正的茶杯與茶具,他每說幾句話就一定會把頭往前擺並閉上眼睛,大約維持三秒左右,或許是希望透過這樣的方式穩定自己的呼吸與心情,他一直重複著這個動作。而後他用熱水浸泡茶葉,並將茶分別倒在幾個杯子裡,而我再輪到自己的時候起身,拿著屬於我的茶杯回到位置上。

「茶杯靠在鼻尖,聞聞茶的香味。」

「讓吸進去的這口氣到達頭頂，再將氣吐至距離肚臍下方三寸的丹田。」

我閉上眼睛聞著茶香，努力嘗試將氣拉到頭頂，我不知為何覺得眉間有些搔癢，差點笑了出來。好不容易忍住了笑，並繼續吸氣、吐氣的動作。氣息真的到達頭頂了！我感覺到通往頭頂的毛孔全部打開，氣息彷彿從那裡進出。我們身上真的有這麼多小孔嗎？丹田，丹田又在哪呢？我在肚臍底下徘徊著。雖然很希望丹田出聲喊「我在這裡」，但它卻沒有這麼做。於是我推測了一下丹田的位置，讓氣到那裡跑了一圈後再吐出來。

他說，用茶和冥想展開新的一天，就人人都能感到幸福。沒錯，現在我將會迎接幸福的時刻！好開心！最後他結束解說，讓我們每個人享受各自的冥想時間，我靜靜地調整呼吸，檢視自己的內心。

我對發呆很有自信，但卻沒有真正地冥想過，所以有點陌生。那些沒有時間回顧的過往充斥腦海，不斷想起各種曾經做錯的事情，說錯話、讓自己後悔的行為、錯過的緣分、沒能更善加對待的對象接連出現，這樣的情況讓我好奇自己為什麼會這樣？究竟是不是生病了？我真的很想大喊：「過去啊、回憶啊，你們會不會對我太嚴苛了？」

明明有很多愉快又幸福的日子啊，為什麼我的腦海中總是充斥著憂鬱與悔恨……，這難道是一種敏感的特徵嗎？還是「自我」在不知不覺間變得太過強大？我太過看重自己的過錯、陰暗面，清楚記得我過去的缺點、曾經犯過那些錯誤，而且意圖讓這些事情持續折磨自己。當天直到最後我都感到很痛苦。接著他說了幾句話：

「吸氣的時候試著微笑，吐氣的時候放鬆表情，我們今天是在做微笑冥想。」

「試著稍微移動嘴角，這是給冥想初學者的建議。」

我好不容易擊退那些想法，試著專注在微笑這件事上。吸氣的同時抬起嘴角，起自嘴角的微笑很快擴散到整張臉，眼角微微下拉、蓄積在眉間的緊張慢慢消失。瞬間，我感覺自己似乎變得比較善良。明明只是表情稍微柔和一點，卻莫名地感覺自己像個懂得包容、有彈性的人。啊，原來我是個善良又單純的人嗎？那些糾結的創傷、化不開的疙瘩，都漸漸地鬆動。

冥想有如山間的微風，讓我的身心獲得休息。從思考中獲得自由、從情緒中獲得解放，從所有洶湧而至的資訊中逃脫。

從濟州島回來之後，我只要有空就會冥想，有時是5分鐘，有時是30分鐘，我會閉上眼睛靜靜坐著。一顆星的冥想、一顆星的敏感、一顆星的⋯⋯。

我會輕輕地將大拇指與食指靠在一起，再將蓄積在眉間的緊繃緩緩鬆開。

那麼，我究竟透過冥想找到自己是誰了嗎？不，我怎麼可能做得到呢……。

還在原位的杯子與
幸福之間的關係

以前帕斯卡曾經說過：

「人類的所有不幸，都源自於以為房間內只有自己

一人。」

而今天我說：

「是喔，我知道了，那杯子用完之後可以放回原位嗎?」

我相信每一件微小的事物放在一起，就能堆疊出日常生活。構成日常生活的內容包括寶貴的物品、身邊的人們、我與他人之間溫軟的感情、一句話、一個動作，希望這一切都能深入我的內心，你覺得這是過度的奢求嗎？沒錯，我是個貪心的人。

我希望我常用來收納東西的地方，能有一雙我很珍惜的襪子，如果有天沒見到每天都會碰面的養樂多媽媽，我就會莫名地不安，也希望常去的咖啡廳的熱拿鐵，滋味與香味都能始終如一。對了，還有地鐵一定要準時，畢竟我不能錯過轉乘的時間。

老實說，我的感覺就像剛出生的小貓，我對一點小小的變化、微小的刺激都很敏感，即使是一件小事違反了我內在的秩序，那天的平靜就會應聲破碎。

雖然很哀傷，但從某個時刻起，我就必須混入不知名的他人之中生活，走出大門就讓我感到緊張，拚命地想維持自己內心的和平，人生在世我學到一件事，那就是有時必須勇敢地跳進他人的世界。

這時我經常會想起體貼這個詞，我會試著努力理解他人的行為，努力避免自己碰觸他人尚未癒合的傷口、避免自己碰觸他人不想被碰觸的部分。強迫性地、習慣性地過著這樣的生活，不知不覺間我變得更加纖細、更加嚴謹。

即使必須承受這些辛苦，我仍沒有關掉自己的敏感天線，反而更努力地調整頻率，更用心地深入觀察，勢必要找出他人想守住的私人領域，因為那樣的領域需要被尊重，我自己想獲得怎樣的對待，我就應該先這樣對待他們，這樣一來總有一天，我也能夠獲得他人的體貼。

要是坦白說出我的敏感，對方十之八九都是這個反應。

而令人驚訝的是其實我跟大家想的恰恰相反，這聽起來雖然有點像是辯解，不過我其實是個非常容易感受到幸福的人。

只要該在原位的東西待在原位就能讓我滿足，不需要再多獲得什麼，或是達成什麼遠大的目標。只要該物品本身待在原位、只要我的房間不受到侵犯，就能夠讓我輕易感受到幸福，也就是說其實我本來就是幸福的。

好，那現在你知道那個杯子該放在哪裡了嗎？

難道，又是我想太多了嗎？
給高敏感族的你、我，以及我們，擁抱與生俱來的天賦，找到不在乎的勇氣

作　　者 / 朴午下
翻　　譯 / 陳品芳
主　　編 / 蔡月薰
企　　劃 / 謝儀芳
美術設計 / 楊雅屏
內頁編排 / 郭子伶

第五編輯部總監 / 梁芳春
董事長 / 趙政岷
出版者 / 時報文化出版企業股份有限公司
108019 台北市和平西路三段 240 號 7 樓
發行專線 / （02）2306-6842
讀者服務專線 / 0800-231-705、（02）2304-7103
讀者服務傳真 / （02）2304-6858
郵撥 / 1934-4724 時報文化出版公司
信箱 / 10899 台北華江橋郵局第 99 信箱
時報悅讀網 / www.readingtimes.com.tw
電子郵件信箱 / books@readingtimes.com.tw
法律顧問 / 理律法律事務所 陳長文律師、李念祖律師
印　　刷 / 勁達印刷有限公司
初版一刷 / 2021 年 2 月 19 日
定　　價 / 新台幣 360 元

時報文化出版公司成立於一九七五年，並於一九九九年股票上櫃公開發行，
於二〇〇八年脫離中時集團非屬旺中，以「尊重智慧與創意的文化事業」為信念。

難道，又是我想太多了嗎？：給高敏感族的你、我，以及我們，
擁抱與生俱來的天賦，找到不在乎的勇氣 / 朴午下作；陳品芳翻譯.
-- 初版. -- 臺北市：
時報文化出版企業股份有限公司，2021.02
面；　公分
ISBN 978-957-13-8566-2（平裝）

1. 神經質性格 2. 生活指導
173.73　110000091